utb 5338

AF723906

Eine Arbeitsgemeinschaft der Verlage

Böhlau Verlag · Wien · Köln · Weimar
Verlag Barbara Budrich · Opladen · Toronto
facultas · Wien
Wilhelm Fink · Paderborn
Narr Francke Attempto Verlag / expert Verlag · Tübingen
Haupt Verlag · Bern
Verlag Julius Klinkhardt · Bad Heilbrunn
Mohr Siebeck · Tübingen
Ernst Reinhardt Verlag · München
Ferdinand Schöningh · Paderborn
transcript Verlag · Bielefeld
Eugen Ulmer Verlag · Stuttgart
UVK Verlag · München
Vandenhoeck & Ruprecht · Göttingen
Waxmann · Münster · New York
wbv Publikation · Bielefeld

Torsten H. Kirstges

Tourismus in der Kritik

Klimaschädigender Overtourism
statt sauberer Industrie?

UVK Verlag · München

Prof. Dr. Torsten Kirstges
lehrt Tourismusmanagement der Reiseveranstalter
und Reisemittler an der Jade Hochschule in Wilhelmshaven.
Weitere Informationen unter: www.kirstges.de

Online-Angebote oder elektronische Ausgaben sind erhältlich unter www.utb-shop.de.

Bibliografische Information der Deutschen Bibliothek
Die Deutsche Bibliothek verzeichnet diese Publikation in der Deutschen Nationalbibliografie; detaillierte bibliografische Daten sind im Internet über <http://dnb.ddb.de> abrufbar.

Lektorat: Rainer Berger, München
Fotos und Abbildungen: Torsten Kirstges, Wilhelmshaven (sofern nicht anders angegeben)
Einbandgestaltung: Atelier Reichert, Stuttgart
Cover-Illustration: © iStockphoto, Vladimir Cetinski
Druck und Bindung: cpi, Leck

UVK Verlag
Nymphenburger Straße 48
80335 München
Tel. 089/452174-65

www.uvk.de
Narr Francke Attempto Verlag GmbH & Co. KG
Dischingerweg 5
72070 Tübingen
Tel. 07071/9797-0
www.narr.de

UTB-Nr. 5338
ISBN 978-3-8252-5338-7

Vorwort

Tourismus ist eine weltweit agierende Branche mit Milliardenumsätzen. Anders als bei Produktionsbetrieben qualmen neben den Verwaltungsgebäuden der Tourismusunternehmen keine Schornsteine, weshalb die Branche gerne als „weiße Industrie“ bezeichnet wird. Doch ist dem wirklich so? Ist der Tourismus so „sauber“, wie er scheint?

Oft werden die Umweltprobleme schlicht in die Zielgebiete des Tourismus und auf die Weltmeere exportiert. Flugreisen, Kreuzfahrten, Emissionen und Müllaufkommen durch den boomenden Tourismus belasten viele Destinationen. Soziale und kulturelle Spannungen werden in vielen Urlaubsorten durch den massenhaften Tourismus und das Verhalten einzelner Urlauber geschaffen. Besonders verwerfliche „Urlaubsmotive“, die zu einer tourismusinduzierten Kinderprostitution in armen Ländern führen, werden gerne ausgeblendet.

Mit dem vorliegenden Buch möchte ich daher einen Blick auf die Schattenseiten dieser vermeintlich sauberen Branche werfen und die negativen Folgen des Reisebooms aufzeigen. Nur wer auch diese Seite der Medaille wahrnimmt, wird sich engagiert für einen nachhaltigeren Tourismus einsetzen – sei es als Tourismusverantwortlicher, sei es als einzelner Urlauber.

Wilhelmshaven, Januar 2020
Prof. Dr. Torsten Kirstges

Inhalt

1 Tourismus als Wachstumsmarkt

Die Geschichte der Menschheit ist die Geschichte des Reisens – seit Menschengedenken reisen die Erdenbewohner zu privaten, beruflichen oder politischen Zwecken. Das Phänomen, das man mit dem modernen Begriff **Tourismus** umschreibt, tritt als solches jedoch erst seit Ende des 19. Jahrhunderts zutage. Denn vor etwa 180 Jahren, 1841, veranstaltete der Engländer ***Thomas Cook*** für eine Gruppe von 570 Personen eine Reise von Leicester in das nur zehn Meilen entfernte Loughborough. Im Reisepreis von heute umgerechnet ca. 50 Cent waren die Fahrt in einem offenen Vergnügungszug, Tee und Schinkenbrote inbegriffen. Diese Exkursion gilt als die Geburtsstunde der Pauschalreise. Entstanden ist daraus das mehr als 150 Jahre weltweit agierende Unternehmen *Thomas Cook*, das Ende 2019 Insolvenz anmelden musste. In Deutschland existierten erste Formen des organisierten Reisen zu Beginn des 20. Jahrhunderts. So hat das *Reisebüro Carl Degener* in den 1920er-Jahren erstmals organisierte Eisenbahngruppenreisen angeboten. Die Grundleistungen bestanden aus Bahnfahrten mit Hotelaufenthalten in großen Städten.

Als **Tourismus** bezeichnen wir heute die Gesamtheit der Erscheinungen und Beziehungen, die sich aus der Reise und dem Aufenthalt von Personen ergeben, die für mindestens 24 Stunden Orte besuchen, die außerhalb ihres hauptsächlichen Wohn- und Arbeitsbereiches liegen. Dabei können unterschiedliche **Reisemotive** Menschen dazu bewegen, ihren üblichen räumlichen Lebensbereich zu verlassen: Reisen werden als Urlaub zur Erholung, für die Gesundheit, zur Bildung, zur Ausübung der Religion (z.B. Pilgerreisen), zum Sport u.ä. unternommen, oder die Motive entspringen den Bereichen Geschäft, Konferenz, Fortbildung, Familie, Mission o.ä. Temporäre Besucher, die sich weniger als 24 Stunden an o.g. Orten aufhalten, werden hingegen als **Ausflügler** oder auch als Tagestouristen bezeichnet.

Heute ist die Tourismusindustrie der weltweit größte Wirtschaftszweig, wie diverse Studien, z.B. der *UNWTO (UN-World-Tourism-Organization / Welt-Tourismus-Organisation)* belegen.[1]

---

1 Vgl. auch zu den folgenden Marktzahlen ausführlich: Kirstges, Expansionsstrategien.

Schätzungen gehen von 1,2 bis 1,5 Milliarden Reisenden (Ankünfte) pro Jahr weltweit aus. Von Deutschland aus machen sich pro Jahr knapp 80 % (= Reiseintensität) der Menschen (ab 14 Jahren) für mindestens eine längere Urlaubsreise (mind. vier Nächte) auf. Jeder Einwohner Deutschlands unternimmt im Durchschnitt ca. 1,3 längere Reisen pro Jahr, so dass jährlich ca. 70 Mio. Urlaubsreisen von Deutschland aus gestartet werden. Mit knapp 30 % bleiben die meisten (längeren) Urlaubsreisen innerhalb Deutschlands; ca. 70 % gehen somit ins Ausland. In den 1960er- bis 1980er-Jahren haben die Inlandsreisen stark an Attraktivität verloren. Mehr Reisen ins Ausland führ(t)en zu tendenziell mehr Flugaufkommen[2] und damit zu einer höheren Belastung des Klimas im Vergleich zu Inlandsreisen, die mit dem Pkw oder im ökologischen Idealfall mit der Bahn angetreten werden. Starke Zuwachsraten konnten in den letzten drei Jahrzehnten zahlreiche Fernreisedestinationen aufweisen. Hatten Anfang der 1970er-Jahre weniger als 2 % aller Reisen außereuropäische Ziele, so liegt der Anteil der Fernreisen heute bei ca. 10 % des Reiseaufkommens. Zu erwarten ist, dass sich der beobachtbare Trend zu Fernreisen fortsetzen wird. Da Fernreisen in aller Regel mit dem Flugzeug unternommen werden,[3] wird durch den Langstreckenflug das Klima besonders stark belastet.

Zu den längeren Urlaubsreisen kommen ca. 90 Mio. Kurzurlaubsreisen (zwei bis vier Tage Reisedauer = eine Übernachtung bis drei Übernachtungen) von ca. 35 Mio. Kurzurlaubsreisenden. Diese werden i.d.R. als Ergänzung zur größeren Urlaubsreise (mit fünf Tagen oder länger) durchgeführt. Kurzreisen sind also kein „Urlaub für arme Leute“, sondern meist Zusatzurlaube „für den kleinen Reisehunger“ derjenigen, die auch längere Reisen unternehmen. Kurzurlaubsreisen sind besonders umweltbelastend, wenn sie mit dem Pkw oder dem Flugzeug als Verkehrsträger unternommen werden: Energieverbrauch, Umweltbelastung, persönlicher Reisestress etc. sind im Vergleich zu längeren Urlaubsreisen gemessen am Erholungswert (der Reisedauer) überproportional hoch. Das Aufkommen, Angebot und Wachstum der sog. Billig-Airlines (low-cost carrier, no frills airline; wie *Ryanair, easyJet, Germanwings, Norwegian* etc.) ermöglicht Kurztrips zu europäischen Metropolen oder zu südeuropäischen Stranddestinationen zu günsti-

2 Henne oder Ei? Mehr (preisgünstiges) Flugangebot führt auch zu einer höheren Nachfrage nach Auslandsreisen. Die Wirkungen sind also wechselseitig zwischen Angebot und Nachfrage.

3 Auch manche Kreuzfahrtunternehmen bieten Atlantiküberquerungen an.

gen Preisen, welche die durch diese Kurzreisen verursachten Umweltbelastungen unberücksichtigt lassen.

Circa die Hälfte der Reisen wird von der deutschen Tourismusindustrie, also den ca. 1.700 in Deutschland ansässigen Reiseveranstaltern sowie den ca. 11.000 Reisemittlern („Reisebüros") als Pauschalreise, Teilpauschalreise oder Bausteinreise organisiert. Die übrigen Urlauber organisieren ihre Urlaubsreise selbst (sog. Individualtouristen), indem sie z.B. Flug (oft mit einer sog. Billig-Airline) und Unterkunft selbst buchen oder mit Pkw und Wohnwagen auf Reisen gehen.

Daneben wären, um ein vollständiges Bild zu erhalten, die Geschäftsreisen zu berücksichtigen. Auf die Betrachtung der Geschäftsreisen wird jedoch, der Themenstellung dieser Arbeit entsprechend, verzichtet.

Auch wenn die Reiseintensität im deutschen Quellmarkt in Zukunft kaum mehr steigen wird, bleibt ein enormes Wachstum der weltweiten Touristenströme zu erwarten: Noch reisen aus den bevölkerungsreichen Staaten wie China (2018 ca. 1,4 Mrd. Menschen), Indien (ca. 1,3 Mrd. Menschen), Brasilien (ca. 200 Mio. Menschen) oder Russland (ca. 145 Mio. Menschen) nur prozentual betrachtet wenige Menschen ins Ausland, und auch die ca. 330 Mio. US-Amerikaner können angesichts weniger Urlaubstage pro Jahr ihr Geld nicht so wie wir Deutschen fürs Reisen ausgeben. Wie stark würde/wird unsere Erde erst durch den Tourismus belastet werden, wenn diese Nationen eine ähnlich hohe Reiseintensität wie wir aufweisen würden/werden?

2 Tourismus als „weiße Industrie"?

Der Tourismus kann den in der (deutschen) Tourismusindustrie Beschäftigten, den Reisenden und den „Bereisten", also den Gastgebern und Destinationen, vielfältige Vorteile bringen. Der *Bundesverband der Deutschen Tourismuswirtschaft (BTW)* hat 2015 eine umfangreiche Dokumentation herausgegeben, die den Beitrag des Tourismus zur Entwicklung und Wertschöpfung von Destinationen, insbes. Entwicklungs- und Schwellenländern, darstellt.[4] Analog zu den Dimensionen der Nachhaltigkeit (→ Kapitel 10) lassen sich u.a. wirtschaftliche, ökologisch, sozio-kulturelle und auf das einzelne Individuum des Reisenden bezogene Vorteile unterscheiden. Es würde den Rahmen dieses Buches sprengen, alle Aspekte zu durchleuchten; einige Vorteile sollen jedoch kurz genannt werden:

Der Tourismus schafft wirtschaftlichen Aufschwung und positive Arbeitsmarkteffekte. Gemessen wird dieser wirtschaftliche Effekt anhand des Jahresumsatzes, des Beitrags der Branche zum Sozialprodukt/Volkseinkommen/Bruttoinlandsprodukt, des Arbeitsmarkteffekts (also der Zahl der Beschäftigten) oder der bewirkten Deviseneinnahmen. Sicher ist, dass der Tourismus Arbeitsplätze schafft, sowohl in den Quellmärkten (also z.B. bei den deutschen Reiseveranstaltern und Reisemittlern) also auch in den Destinationen (also z.B. bei den dortigen Beherbergungsbetrieben, Reiseleitern, Restaurationsbetrieben, Souvenirläden etc.). Für Deutschland kann man davon ausgehen, dass 4 bis 5 % des Volkseinkommens durch den Tourismus bewirkt werden. Circa drei Millionen Menschen arbeiten unmittelbar in der deutschen Tourismusbranche; das sind ca. 7 % aller Erwerbstätigen. Alleine die ca. 1.700 Haupterwerbsreiseveranstalter beschäftigen ca. 57.000 Mitarbeiter in Deutschland.[5] Über die ca. drei Mio. Arbeitsplätze, die innerhalb der deutschen Tourismusbranche zu zählen sind, hinaus, hängen eine weitere Million bis eineinhalb Millionen Arbeitsplätze indirekt vom Tourismus ab (über die zweite und weitere Wertschöpfungsstufen, z.B. Zulieferer an deutsche Tourismusbetriebe). Die Tourismus-

---

4 Vgl. BTW, Entwicklungsfaktor Tourismus.

5 Vgl. ausführlich zur Reiseveranstaltermarktanalyse bezogen auf das Jahr 2018: Kirstges, Reiseveranstaltermarkt 2018.

branche ist für Deutschland somit bedeutender als beispielsweise der Bergbau, die Landwirtschaft oder die Pharmaindustrie.

Reisen von Deutschen ins Ausland (Outgoing-Tourismus) entsprechen volkswirtschaftlichen Importen (wir Deutschen importieren Dienstleistungen des Auslands); die gastgebenden Länder erzielen so Exporterlöse, die sie wiederum in die Lage versetzen, deutsche Waren zu kaufen. Dadurch werden wiederum Arbeitsplätze der exportorientierten Industrien in Deutschland gesichert. Insofern bestehen also über mehrere Wertschöpfungsstufen hinweg Wechselwirkungen zwischen dem deutschen Outgoing-Tourismus und deutschen (Waren-/Investitionsgüter-)Exporten ins Ausland.

Weltweit, so Schätzungen, sorgt der Tourismus für 100 bis 110 Mio. Arbeitsplätze, was ca. 4 % des gesamten Weltarbeitsmarktes entspricht. Tourismus schafft für manche Branchen, z.B. für Landwirte, Zusatzeinkommen, so dass sie ihren Kernbetrieb fortführen und einen Beitrag zum Erhalt von Natur- und Kulturlandschaften leisten können. Das Ausbleiben von Touristen kommt für viele nationale Ökonomien einer Katastrophe gleich.[6] Ein starker Einbruch der Gästezahlen führt zu wirtschaftlichen Problemen, Arbeitslosigkeit und in der Folge oft zu einer Radikalisierung der (insbesondere jungen, arbeits- und perspektivlosen) Bevölkerung. Ein florierender Tourismus schafft in vielen (Entwicklungs- und Schwellen-)Ländern daher nicht nur Arbeit und wirtschaftlichen Aufschwung, sondern auch die Basis für eine politische Stabilität.

Tourismus kann also Wertschöpfung, Arbeitsplätze und Wohlstand schaffen. Neben den bislang genannten wirtschaftlichen Vorteilen, die der Tourismus für die Quell- und Zielländer bewirkt, lassen sich mit ihm weitere Vorteile und Chancen verbinden:

---

[6] So z.B. für Ägypten, Tunesien oder die Türkei in den Jahren des durch Terroranschläge, Unruhen oder politische Krisen bedingten Gästezahleinbruchs. Siehe ausführlich → Kirstges, Krisen.

- Tourismus trägt zur Völkerverständigung bei: Menschen begegnen sich zwischen und auf allen Teilen der Welt, sehen sich, sprechen miteinander, lernen sich kennen, bleiben ggf. auch nach einer Reise noch in Kontakt und schließen weltumspannende Freundschaften. So findet ein interkultureller Austausch statt. Länder und Regionen werden als „schön" und „sehenswert", die Menschen dort als „gastfreundlich" wahrgenommen – das trägt zu einem positiven Image des Landes bei und baut Vorurteile und Ängste ab. Deutschland und Frankreich standen sich als Nationen in drei blutigen Kriegen als „Erzfeinde" gegenüber;[7] dies wäre heute, nicht nur aufgrund der guten politischen Beziehungen, sondern vor allem auch dank der vielfältigen persönlichen Begegnung von Deutschen und Franzosen in ihrer Rolle als Tourist völlig unvorstellbar. Gegenüber Ländern, die weniger von uns Deutschen bereist werden und zu deren Bewohnern weniger persönliche Kontakte bestehen, mögen die Ressentiments noch größer sein.[8]
- Tourismus fördert die gesellschaftliche Entwicklung in den Zielgebieten: Die Einwohner der Länder, die von (westlichen, demokratisch gesinnten, freiheitlich denkenden) Touristen besucht werden, lernen deren Denk- und Lebensweise kennen. Daher hat das Verhalten der Urlauber vor Ort einen Einfluss auf die Gastgeber – ein Tourist, der sich wassersparend verhält, seine wiederbefüllbare Wasserflasche nutzt und zeigt und seinen Müll ordentlich entsorgt, kann als positives Vorbild dienen (das das Verhalten der Touristen leider auch negativ sein kann, werden wir in Kapitel 5.3. (Sextourismus) und 9. (Verhaltensbeeinflussung) durchleuchten). Dies kann die Entwicklung einer Gesellschaft hin zu demokratisch-freiheitlichen Ordnungen unterstützen.[9]
- Tourismus fördert die Infrastrukturentwicklung in den Zielgebieten: Wenn eine Region Tourismus möchte, dann muss sie die dafür erforderliche Infrastruktur haben, d.h. aufbauen und/oder erhalten.

---

7 Deutsch-Französischer Krieg 1870/71; Erster Weltkrieg 1914–1918; Zweiter Weltkrieg 1939–1945.

8 Man denke vielleicht an Russland, China oder Nordkorea.

9 Man kann sogar die These aufstellen, dass der Tourismus ein Auslöser der Deutschen Wiedervereinigung war: Hätten die damaligen Ostdeutschen nicht über Jahre die westdeutschen Gäste gesehen und nicht nach Ungarn und in die Tschechische Republik reisen dürfen, dann hätten sie nicht im August/ September 1989 in der Prager Botschaft Zuflucht suchen können, was letztlich zur Wiedervereinigung führte.

Straßen, Plätze, Grünanlagen, ggf. Strände, Skipisten, Bahnverbindungen, ggf. Flughäfen, Restaurationsbetriebe, ein sauberes Stadtbild etc. sind erforderlich, um als Destination für Touristen erreichbar, nutzbar und attraktiv zu sein. Der Tourismus schafft oft erst die erforderliche Quantität der Nachfrage, ab der sich Infrastrukturmaßnahmen lohnen. Von einer gut ausgebauten (aber nicht überdimensionierten) Infrastruktur profitieren auch die Einheimischen.

- Tourismus fördert Umwelt- und speziell Artenschutz: „Intakte Natur erleben" und sich „in der schönen Natur aufhalten/bewegen" sind wichtige Reisemotive für (deutsche) Urlauber. Wenn Länder, in denen selten gewordene Tiere aufgrund von Wilderern oder Umweltverschmutzung vom Aussterben bedroht sind, erkennen, dass mehr Geld mit dem Beobachten von Tieren als mit dem Töten derselben erwirtschaftet werden kann, werden sie alles daran setzen, ihren touristisch (und damit wirtschaftlich) wertwollen Tierbestand zu schützen. Dies betrifft Elefanten oder Nashörner in Afrika genauso wie Korallenriffe bei den Malediven oder in Australien und ebenso wie den Regenwald in Südamerika. Naturschutzparks und Reservate können durch die Einnahmen aus dem Tourismus geschaffen, gepflegt und bewacht werden, Strände werden gesäubert. Tourismus kann/sollte also im wörtlichen Sinne eine saubere Industrie sein.
- Dank der touristischen Nutzung steigt auch die Aufmerksamkeit („awareness") für die Gefährdungen der Tier- und Pflanzenwelt, denn Menschen schützen vor allem das, was sie kennen, während sie sich für das Unbekannte eher wenig interessieren und engagieren.[10] Dies wiederum verstärkt die Bemühungen zum Artenschutz. Auch Naturschutzverbände finden mehr Gehör, wenn sie über Probleme berichten, die in Gebieten auftreten, welche vielen Menschen dank ihrer Reisen bereits bekannt sind.
- Tourismus hilft, historische und kulturell bedeutsame Stätten zu erhalten. Destinationen können mit ihrem historischen und kulturellen Erbe, mit ihrer geschichtsträchtigen Vergangenheit, Touris-

[10] Dies wird auch als Argument für den Betrieb und den touristischen Besuch von Zoos, Zirkussen und Tiershows angeführt. Gleichwohl leben Tiere in diesen künstlichen Umgebungen oft nicht artgerecht, verfügen nicht über den Auslauf bzw. Schwimmbereich, den sie in Freiheit hätten, und werden mit Belohnungen (Futter) zu Showeffekten trainiert, die sie in der Natur nicht ausführen würden. Siehe in diesem Zusammenhang zu der Problematik von Delfinarien als Touristenattraktion → Kapitel 6.4.

ten werben. Dank der Touristen und der durch sie bewirkten Einnahmen in der Destination können Kirchen, historische Gebäude und Sehenswürdigkeiten erhalten werden. Manche Orte wären ohne den Tourismus bereits völlig ausgestorben und verfallen.

- Schließlich kann Reisen gesund und glücklich machen! Urlaub dient der physischen und oft auch psychischen Erholung, und seine erholsame und motivierende Wirkung hält i.d.R. länger an als dies materiell basierte Vorteile oder Erlebnisse gewährleisten. Deshalb nutzen viele Firmen auch lieber Incentive-Reisen anstelle von Sach-Incentives zur Motivation ihrer Mitarbeiter oder Vertriebspartner.

Somit bietet der Tourismus also vielfältige Vorteile, weit über positive Effekte für Arbeitsmarkt und Wirtschaft hinaus. Diesen Vorteilen scheinen kaum Nachteile gegenüberzustehen; zumindest werden hier bei uns in Deutschland scheinbar keine Ressourcen verbraucht und die natürliche Umwelt nicht durch die Produktion von Urlaubsreisen belastet. Also eine „weiße Industrie", eine Industrie mit einer „weißen Weste"? Nicht unbedingt, denn die vorgenannten Vorteile sind oft situationsspezifisch zu relativieren – d.h., sie gelten nicht uneingeschränkt, nicht immer und überall. Die Probleme und Risiken des Tourismus entstehen oft in den Zielländern, in den Destinationen, in die sie quasi exportiert werden. Dies ist oft ein lange andauernder, schleichender Prozess, da der Tourismus typische Entwicklungsstufen von „gut" nach „schlecht" durchläuft. Die tourismusinduzierten Probleme sollen daher im Folgenden, vielfach im Spiegelbild zu den vorgenannten Vorteilen und Chancen, aufgezeigt werden.

3 Typische Entwicklungsstufen des Tourismus

Ähnlich einem Produkt scheinen Reiseziele einem Lebenszyklus zu unterliegen. Nach einer Phase der Einführung und des steilen Aufschwungs nehmen die Wachstumsraten ab, bis schließlich das Touristenaufkommen eines Landes in diese Destination stagniert (Stagnationsphase), letztlich sogar absolut zurückgeht (Degenerationsphase). Die touristische Entwicklung eines Zielgebiets beginnt oft mit einzelnen Individualreisenden, die als „Rucksacktouristen" eine noch touristisch unberührte Ecke der Welt entdecken. Diese „driften" ohne festen Reise- oder Zeitplan auf der Suche nach neuen Erfahrungen abseits der ausgetretenen Pfade ihrer Heimat sowie der bereits vorhandenen touristischen Infrastruktur durch das Reisezielgebiet und versuchen so zu leben wie die Menschen, die sie besuchen.[11]

Praxis | Aussteiger-Backpacker

Es gibt sie auch heute noch, die **Aussteiger-Backpacker**. So berichtete *Petra*, eine vom Verfasser bis 1995 ausgebildete Hochschulabsolventin, die alljährlich einige Monate eine „Auszeit" für lange Reisen nimmt, 2015 aus Kambodscha:

„Sogar einen 87-jährigen englischen Backpacker haben wir kennengelernt, der dort in einer einfachen Hütte zwei Monate verbrachte." Sie bemerkt allerdings auch zu ihrer Reise durch Asien: „Was mir bei diesem Trip aufgefallen ist, ist, dass man nicht mehr so viele Leute kennenlernt wie vorher, denn die meisten Leute haben ein iPhone und sind damit beschäftigt.

Vorher hatte man irgendwo im Hostel gesessen und sich unterhalten, nun sitzt jeder für sich und ist am Tippen am iPhone, ein bisschen traurig, diese Entwicklung. Viele Leute buchen alles im Voraus und sind nur noch mit Navigationssystem unterwegs."

---

[11] Cohen hat dieses „Driften" der Backpacker bereits in den 1970er-Jahren beschrieben und analysiert. Vgl. Cohen, Backpacking. Dieser Reisestil eines Sich-Treiben-Lassens erinnert an die sog. Grand Tour junger Adeliger des 17. und 18. Jahrhunderts. Waren dies in den 1960er- bis 1980er-Jahre vor allem Westeuropäer, viele Deutsche, so trifft man heute solche Backpacker verstärkt aus dem asiatischen Raum oder aus Südamerika und Israel.

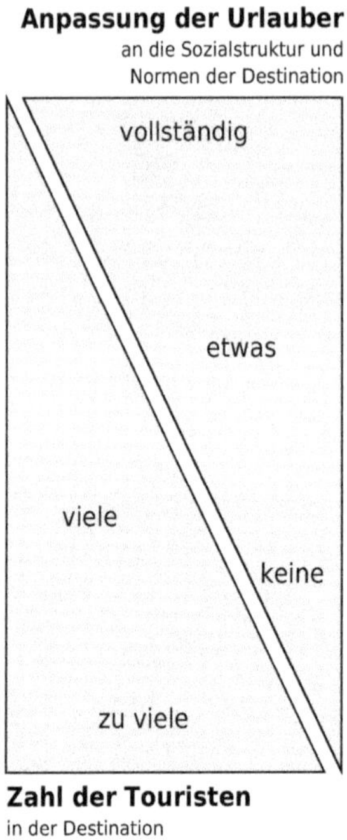

Effekte und Verhältnis von Einheimischen zu Touristen

→ erste Rucksacktouristen und „Alternative" entdecken die Destination; die Einheimischen heißen die wenigen Besucher willkommen

→ Spezialreiseveranstalter bieten die Destination an; Touristen werden für die Einheimischen selbstverständlich

→ große Pauschalreiseveranstalter bieten die Destination an; manche Einheimische fühlen sich durch den Tourismus beeinträchtigt

→ Reiseveranstalter, Billigflieger und Privatwohnungsvermittler bieten die Destination an; viele Einheimische sehen die Touristen als Rivalen und Gegner; Overtourismusprobleme

1 | Entwicklungsstufen des Tourismus
- vom Geheimtipp zum Overtourismus

Nach der Welle der Backpacker „übernehmen" dann Reiseveranstalter und deren Pauschaltouristen die Destination. In letzter Konsequenz kann es zum Problem des Overtourismus kommen (→ Kapitel 8).

Praxis | **Vom Rucksacktourismus zum international gefragten Reiseziel**

So war z.B. Krabi in Südthailand bis in die 1980er-Jahre hinein noch weitgehend vom Tourismus unberührt, bevor es von Rucksacktouristen als hervorragendes Eldorado für Rockclimbing entdeckt wurde. Die Provinz Krabi weist bei einer Küstenlänge von 120 Kilometern ca. 130 Inseln auf. Die Rucksacktouristen nutzten zunächst einfache Bambushütten an den Stränden. Vor allem aufgrund der guten Erreichbarkeit von der Ferieninsel Phuket aus ließ es sich nicht vermeiden, dass Krabi auch von der internationalen Tourismuspresse als neues Ausweichziel entdeckt wurde. Es begann der Bau von Hütten und Bungalowanlagen in fast jeder Preislage. Nachdem Anfang der 1990er-Jahre Krabi auch Einzug in die Kataloge internationaler Pauschalreiseveranstalter gehalten hatte, wurden aus den Bungalowanlagen schnell komfortable Resorts und Hotelanlagen. Einer der ersten deutschen Anbieter war Neckermann (damals NUR Touristic GmbH). Im Juli 1999 eröffnete der Flughafen bei Krabi-Stadt und mit ihm eine Vielzahl neuer Resorts, um der wachsenden Nachfrage gerecht zu werden. Mit dem Bau des Flughafens verdoppelten sich die Landpreise und die Infrastruktur in und um Krabi entwickelte sich rasant. Filme wie The Beach (2000; u.a. am Strand Maya Bay gedreht und schon beim Dreh dort für Schäden gesorgt) führten zu einer weiter wachsenden Bekanntheit der Destination, die bereits 1974 in einem James Bond-Film als Kulisse diente (Khao Ta-Pu bei der Insel Khao Phing Kann). Aus der holprigen, durchlöcherten Sandstraße entlang des Ao Nang-Strandes wurde 2002 eine befestigte Promenade, gesäumt von unzähligen kleinen Geschäften und Restaurants. Mittlerweile hat sich die Provinz zu einem international gefragten Reiseziel etabliert, das jedes Jahr eine große Anzahl von Touristen mit seiner vielseitigen Landschaft anlockt.

Bekannte Strände wie Ao Nang Beach, ca. 15 km von Krabi-Stadt entfernt, verfügen über eine gut ausgebaute Hotelinfrastruktur, die von diversen deutschen Reiseveranstaltern angeboten wird. Auch Privatunterkünfte werden über z.B. airbnb angeboten. Die berühmte Railay-Halbinsel mit drei Stränden ist von Ao Nang mit dem Boot zu erreichen. 1986 wurden hier die ersten Bungalowanlagen gebaut, mittlerweile mussten diese jedoch exklusiven Resortanlagen weichen. Railay ist berühmt für seine weißen Sandstrände, die vorgelagerten Felstürme im Wasser, Tropfsteinhöhlen sowie die phantastischen Klettermöglichkeiten. Neben den Stränden bieten auch die Nationalparks um Krabi Touristen die Möglichkeit, üppigen primären Regenwald, Wasserfälle, heiße Quellen, Dschungel-Seen, die Tier- und Pflanzenwelt sowie Mangrovenwälder zu entdecken. 2018 wurden aufgrund der Bedrohung der Natur durch zu viele Touristen erstmal ganze Inseln und Strandabschnitte, u.a. der Maya-Bucht, für einige Zeit gesperrt (→ Kapitel 8).

Ähnlich war die philippinische Insel Boracay bis in die 1980er-Jahre hinein ein Geheimtipp für Rucksack-Urlauber aus aller Welt. Sie schliefen in Bambushütten mit Kokospalmblättern als Dach. Heute gibt es mehr als 4.500 Hotels, Gaststätten und sonstige Geschäfte, die vom Tourismus leben. Viele Bauten wurden illegal errichtet, schnell hochgezogen aus Beton. 2017 wurden mehr als zwei Millionen Besucher gezählt – bei ca. 32.000 Einwohnern. Auf den Straßen staut sich der Verkehr, am Rand liegt haufenweise Plastikmüll. Von April bis Ende Oktober 2018 wurde die Insel für den Tourismus geschlossen, um Umweltschutz- und Infrastrukturmaßnahmen realisieren zu können.[12]

Es zeichnet sich in vielen Destinationen eine **„growing obsolescence of tourism products“** ab. Für die dort vom Tourismus lebende Bevölkerung bedeutet dies, dass das durch die Urlauberströme bewirkte Wirtschaftswachstum seine Grenzen hat, das erreichte Niveau ggf. auch nicht von anhaltender Dauer ist.

---

[12] Vgl. o.V., Boracay.

Als eine eigene Destination können heute auch **Kreuzfahrtschiffe** gelten, die sich als Verkehrsträger und schwimmendes Hotel zugleich, mit vielfältigen Attraktions- und Animationsangeboten, innerhalb einer natürlichen Destination oder auch destinationsübergreifend (auf einer Kreuzfahrtrundreise, z.B. im Mittelmeer mit dem Anlaufen verschiedener Länder und Städte) bewegen. Kreuzfahrtreisen haben seit den 1990er-Jahren weltweit und speziell in Deutschland einen enormen Zuwachs erfahren. Dieser Kreuzfahrtboom resultiert – ungeachtet der **Vorteile** dieser Reiseform wie **Sicherheit, Bequemlichkeit, Abwechslung/Multioptionalität** etc. – vor allem aus einem **größeren Angebot zu günstigeren Preisen** im Vergleich zu früheren Jahren. Dies wiederum hat seine Ursache in

- einem gestiegenen Angebot durch **mehr Reedereien und Schiffe** und mehr Hafenstädte, die von den Kreuzfahrttouristen wirtschaftlich profitieren möchten,
- einem gestiegenen Angebot und **Kostendegressionseffekten** durch **größere Schiffe**,
- einem verstärkten **Konkurrenzdruck** durch das gestiegene Angebot,
- einer **günstigen Kostenstruktur** durch die **Externalisierung von Kosten** (insbesondere durch die Nutzung von **kostengünstigem Schweröl**, dessen wahre (Umwelt-)Kosten aber nicht von den Reedern, sondern von der Allgemeinheit getragen werden; siehe dazu → Kapitel 6.3.2 ▸ Ökologische Belastungen durch Schiffsverkehrsemissionen) und niedrige Löhne sowie schlechte Arbeitsbedingungen für viele der auf den Schiffen Beschäftigten (**Lohndumping**, siehe dazu → Kapitel 5.2).

Zumindest die letztgenannten Aspekte des Kreuzfahrttourismus sind hinsichtlich der **ökologischen und sozialen Dimension der Nachhaltigkeit kritisch** zu sehen; sie werden daher an in den vorgenannten Kapiteln dieses Buches vertieft betrachtet.

4 Grundzüge der Tourismuskritik

Reisen ist schön, lehrreich und eine der besten Formen der Wirtschaftsförderung, aber es ist auch gut, sich mit den negativen Auswirkungen des Tourismus zu beschäftigen. Die **Tourismuskritik ist nicht neu**, denn schon 1817 hatte sich der französische Schriftsteller ***Stendhal*** *(Marie-Henri Beyle)* anlässlich seiner Grand-Tour-Reise nach Italien über das Verhalten der vielen Engländer und Russen in Florenz beklagt. 1857 prangerte der Brite *John* ***Ruskin*** die Zerstörung der Städte und Landschaften durch enthusiastische Besucher an – *Ruskin* sah bereits damals Venedig vor dem Niedergang. *Marc* ***Twain*** amüsierte sich bereits 1867 angesichts seiner Reise über die Verwandlung der Welt in Sehenswürdigkeiten. 1871 meinte der englische Geistliche *Robert* ***Kilvert***, dass der Tourist von allen Schädlingen der schädlichste ist.[13] *Hans-Magnus* ***Enzensberger*** erkannte in seinem Werk zur *Theorie des Tourismus* 1958 die durch diesen verursachten Probleme, kritisierte aber auch die pauschale Kritik am Tourismus. Mit dem Tourismus wuchs auch der **Überdruss** an ihm und sogar die **Selbstkritik** bis hin zum Selbsthass der Reisenden. Wenngleich die aufgezeigten wirtschaftlichen, insbesondere arbeitsmarktpolitischen Chancen des Tourismus nicht zu negieren sind, befürchten viele Tourismuskritiker, dass letztlich die vielfach erst langfristig erkennbaren **negativen Konsequenzen** doch überwiegen. Einige dieser Probleme werden im Folgenden näher erläutert.

[13] „Of all noxious animals [...] the most noxious is a tourist. And of all tourists the most vulgar, illbred, offensive and loathsome is the British tourist.“

5 Ökonomische und sozio-kulturelle Probleme durch den Tourismus

5.1 Überblick über tourismusinduzierte ökonomische und sozio-kulturelle Probleme

Tourismus soll Arbeitsplätze schaffen? Es entstehen vielfach nur **Saisonarbeitsplätze**; auf Einheimische entfallen nur die **weniger qualifizierten Tätigkeiten**; dispositive Aufgaben werden von zugereisten Ortsfremden übernommen. Oftmals wird in der Tourismusbranche **Lohndumping** betrieben, Arbeitnehmer werden ausgebeutet (geringe Löhne, lange Arbeitszeiten, unbezahlte Überstunden), eine soziale Absicherung über z.B. Tarifverträge gibt es oft nicht. Betroffene machen (mangels effektiver Interessenorganisation) nur selten auf sich aufmerksam.

So demonstrierten von Juni bis September 2018 **kanarische Zimmermädchen** (sog. *Kellys*) gegen die aus ihrer Sicht nicht hinnehmbaren (prekären) Arbeitsbedingungen. Die Arbeit sei zu anstrengend und die Vorgaben (zu putzende Zimmer je Zeiteinheit, z.B. 20 Zimmer in sechs Stunden = knapp 20 Minuten pro Zimmer) zu hoch, so dass viele Beschäftigte auf den Kanaren unbezahlte Überstunden leisten müssten, um ihren Job nicht zu gefährden.

So gibt es im Tourismus und in der Gastronomie auch in Deutschland/Europa eine hohe Zahl „verarmter Beschäftigter“; auch in Deutschland wird in dieser Branche oft gerade einmal der gesetzliche Mindestlohn bezahlt. Der Reiz einer Beschäftigung in der Tourismusbranche, etwas von der Welt zu sehen, verliert sich in der **Heimatlosigkeit**, da der Beschäftigte nirgends wirklich zu Hause ist. Das schicke Ambiente der Hotels oder Kreuzfahrtschiffe **entspricht nicht der eigenen Identität**. Man lernt viele Menschen kennen, nette Gäste aus aller Welt und unkomplizierte (und häufig wechselnde) Kollegen, doch kennt man niemanden wirklich. Familie und wahre, langfristige **Freunde fehlen**. Freie Kost und Logis im Arbeitgeberhotel können nicht über die **fehlende soziale Absicherung** hinwegtäuschen. Feststellbar ist oft eine **Segregation** zwischen den Gewinnern/Profiteuren des Tourismus und den Verlierern/Benachteiligten. Der Arbeitsmarkteffekt des Tourismus ist also ein sehr eingeschränkter.

Es kommt zu **touristischen Monostrukturen**, die zu gefährlichen, da einseitigen Abhängigkeiten führen. Eine ganze Region kann abhängig von den Einnahmen aus dem Tourismus werden. Bricht dieser weg (z.B. aufgrund von Naturkatastrophen wie Erdbeben, Überschwemmungen etc., wegen Terroranschlägen, Unruhen etc. oder auch wegen sich ändernder Nachfragetrends), so fällt die Wirtschaft in eine Rezession.

Tourismusinduzierte Inflation kann ein Problem werden: Das Preisniveau in den Tourismuszentren erhöht sich, so dass viele **Güter** für Einheimische, die nicht an der durch den Tourismus ausgelösten Einkommensentwicklung teilhaben können, unerschwinglich werden. **Grundstücks- und Immobilienpreise** steigen rapide an, **Mietwohnungen** verteuern sich oder sind schlicht nicht mehr im benötigten Maß verfügbar, da Wohnungen mit höherem Gewinn kurzzeitig an (Individual-)Touristen vermietet werden.

So stiegen die **Grundstücks- und Immobilienpreise** in den 1990er- und 2000er-Jahren auf der **Ile de Ré** an der französischen Atlantikküste stark an, weil viele Ortsfremde Immobilien als Zweitwohnsitz kauften. Dies führte auch zu einer Wertsteigerung der Ländereien und Immobilien, die in der Hand von Einheimischen waren, so dass diese plötzlich vermögenssteuerpflichtig wurden (Impôt de Solidarité sur la Fortune), diese Steuer aber mangels laufender Einkommen gar nicht aufbringen konnten. Ähnlich war die Preisentwicklung im französischen **Périgord**, seit insbesondere *Ryanair* der Flughafen Bergerac ab Großbritannien bediente, was den britischen Touristenstrom dorthin ebenso wie die Nachfrage nach Ferienimmobilien stark ansteigen ließ.

Die (vermeintliche) Attraktivität der Tourismuszentren fördert die **Landflucht**: Insbesondere Jugendliche wandern aus agrarischem Hinterland in die touristischen Zentren ab. In **Deutschland** fand eine solche **Landflucht** besonders stark über 40 bis 50 Jahre im Zuge der **Industrialisierung** von etwa **1871** (Gründung des deutschen Kaiserreiches nach dem Deutsch-Französischen Krieg) **bis 1914** (Beginn des 1. Weltkriegs) statt. Waren in Deutschland bis ca. 1895 mehr Menschen in der Landwirtschaft als in der (städtischen) Industrie beschäftigt, so änderte sich ab dann das quantitative Verhältnis zwischen der (zurückgehenden) Bauernschaft und der (wachsenden) Industriearbeiterschaft. Viele **ehemalige Landbewohner verarmten** jedoch nach ihrem Zuzug in den Großstädten. Mädchen vom Land bekamen in den Großstädten nicht immer die erhoffte Anstellung als Dienstmagd o.ä., sondern landeten auch in der Prostitution. Andere wanderten nach Übersee aus. ***Hapag Lloyd*** wurde unter *Albert Ballin* u.a. mittels der **Transatlantikpassagen** von Hamburg nach New York groß; die im Winter hierfür nicht genutzten Schiffe wurden ab 1891 für **erste Kreuzfahrten** in südlichen Regionen eingesetzt. Ein solcher Prozess der **Landflucht** mit all ihren Auswirkungen findet **in den sog. Entwicklungsländern um 80 bis 100 Jahre zeitversetzt** statt.

Die **Oberflächlichkeit der touristischen Begegnung** trägt nicht zur positiven Völkerverständigung bei, sondern führt zur **Verfestigung von Vorurteilen**.[14] Die Masse der Urlauber will nicht wirklich Anderes kennenlernen, sondern ihr genügt ein oberflächlicher Eindruck. Gerade bei sog. AlliInclusive-Angeboten verlassen Touristen oft gar nicht ihr Urlaubsressort, so dass sie „Land & Leute" überhaupt nicht kennenlernen.

Vielfach kommt es zu einer **Kommerzialisierung der Kultur**. So werden religiöse Zeremonien zugunsten fotografierender Urlauber aus ihrem überlieferten Kontext gerissen.[15] Sie werden nur noch für die Touristen und nicht mehr aus ihrer ursprünglichen Bedeutung heraus zelebriert.

2 | Tanz der Maori (Neuseeland) und auf der nächsten Seite der Huronen (Wendake, Québec, Kanada): Noch authentische Kultur oder nur noch Spektakel für die Touristen?

[14] Dies gilt insbesondere für den Tourismus in Entwicklungsländern, vgl. z.B. Bugnicourt, Sex-Sonne-Sand, S. 45–56; Prahl/Steinecke, Millionenurlaub, S. 97–108; Dress, Tourismus als Faktor, S. 183–192; Noack, Wohin geht die Reise? Vgl. dazu auch Kelly (International Tourism, S. 278), der treffend konstatiert, dass „having been there is more important than being there".

[15] Vgl. z.B. Trask, Kolonialherr.

Bettelei, Kriminalität, Prostitution und Alkoholismus steigen an, da sich einerseits der erhoffte Wohlstand nach der Abwanderung in die Touristenzentren nicht erfüllt und andererseits das Konsumverhalten der Touristen bei der einheimischen Bevölkerung den Wunsch nach Nachahmung weckt.

Kinder arbeiten in manchen Entwicklungs- und Schwellenländern bereits vor Abschluss einer Schulausbildung im oder für den Tourismus. Wird ihr Schulbesuch damit verhindert oder werden sie sogar den (sexuellen) Übergriffen von Touristen ausgesetzt (siehe vertiefend → Kapitel 5.3), so verstößt dies gegen das Menschenrecht auf Bildung und gegen die Rechte des Kindes, die im sog. *Übereinkommen über die Rechte des Kindes*[16] formuliert sind.

Nicht alle Reisen sind für Menschen mit eingeschränkter Mobilität und/oder **Behinderung** durchführbar. Hierin kann ggf. ein Verstoß gegen das Übereinkommen über die Rechte von Menschen mit Behinderungen gesehen werden.[17] Aus den vorgenannten Gründen ist das

---

[16] Vereinte Nationen-Kinderrechtskonvention von 1989/1990; von vielen Staaten – jedoch nicht von den USA – ratifiziert; 2010 nahm Deutschland die zunächst erklärten Vorbehalte hinsichtlich einiger Formulierungen/Regelungen zurück.

[17] UN-Behindertenrechtskonvention; 2006 von der UNO-Vollversammlung verabschiedet und 2008 in Kraft getreten. Das Thema „Inklusion", als Ansatz der gleichberechtigten Teilnahme von Behinderten an der Gemeinschaft, wurde damit gefördert. „Barrierefreiheit" ist daraus eine konkrete Forderung für touristische Angebote. Es würde hier zu weit führen, darüber zu diskutieren, ob es wirklich sinnvoll ist und ein (realisierbares) Ziel sein kann, allen behinderten Menschen dieselben touristischen Angebote und Reisen wie Nicht-Behinderten zu ermöglichen, oder ob es hier nicht differenzierter Angebote bedarf.

Thema **Menschenrechte im Tourismus** seit den 2010er-Jahren in Deutschland aktuell.

5.2 Spezielle ökonomische und sozio-kulturelle Probleme des Kreuzfahrttourismus

Diese Urlaubsform lässt sich grob in **Flusskreuzfahrten** und **Hochseekreuzfahrten** unterscheiden, von denen wir letztere im Folgenden aufgrund der größeren wirtschaftlichen Bedeutung und des stärkeren negativen Einflusses auf die Umwelt näher betrachten. Kreuzfahrttourismus gab es schon im 19. Jahrhundert; bereits *Marc Twain* genoss 1867 solche Reisen auf einem amerikanischen Raddampfer.[18]

1891 führte das deutsche Schiff *Augusta Victoria* eine erste Mittelmeerkreuzfahrt für Wohlhabende durch. Um 1900 führten Kreuzfahrten mit großen Dampfschiffen über den Atlantik, nach Ägypten, ins Heilige Land oder in den Orient – die ***Titanic*** und ihr Untergang 1912 sind auch heute noch als Indikator für diesen Boom bekannt. Lange Zeit waren Kreuzfahrten nur etwas für die wohlhabende Oberschicht westlicher Länder. Seit den 1990er-Jahren hat sich diese Art des Reisens in Deutschland (in den USA bereits wesentlich früher) **demokratisiert** – sie wurde offen und finanziell erschwinglich für viele Bevölkerungsschichten.

Die Vielfalt an Schiffen ist groß: Vom Segler über das kleine Expeditionsschiff für wenige hundert Gäste bis zu Ozeanriesen bieten Reiseveranstalter Kreuzfahrtvarianten an. Das 2018 größte Kreuzfahrtschiff der Welt ist die ***Symphony of the Seas***, die mit 362 Meter Länge und 18 Stockwerken/Decks ca. 2.000 Besatzungsmitglieder und fast 7.000 Gäste beherbergen kann. 2021 soll ein in Deutschland gebautes noch größeres Schiff 9.500 Personen Platz bieten; dessen Baukosten werden auf 1,3 Mrd. Euro geschätzt. Die wichtigsten **Anbieter/Reedereien** weltweit für Hochseekreuzfahrten sind *Carnival* (inkl. *AIDA, Costa, Princess, P&O* u.a.), *Royal Caribbean, Norwegian Cruise Line* und *MSC*; speziell auf dem deutschen Quellmarkt sind darüber hinaus *Hapag-Lloyd Kreuzfahrten* (*TUI*) und seit 2008 *TUI Cruises* (im Joint Venture mit *Royal Caribbean*) aktiv.

---

[18] Zur Geschichte der Kreuzfahrt siehe z.B. Maier-Albang, Traumschiff, sowie Steinecke, Kreuzfahrttourismus, Kapitel 1.

3 | Kreuzfahrtschiffe im kleinen Hafen der Karibikinsel St. Lucia, vor der Privatinsel Princess Cays, im Hafen von Funchal/Madeira und als Segler auf dem Meer

Heute (2019) unternehmen fast **30 Mio. Menschen weltweit eine Kreuzfahrt**, davon ca. ein Drittel aus den USA und ca. drei Millionen aus Deutschland – und mit dem großen Volumen wächst auch die

Kritik an dieser Reiseform.[19] Gefordert (und an entsprechenden Stellen in diesem Buch vertieft) werden u.a. ein **Verzicht auf Schweröl** (und damit verbunden die Reduktion ökologisch und gesundheitlich gefährlicher Emissionen; → Kapitel 6.3 ▸ Ökologische Belastungen durch Schiffsverkehrsemissionen), die Nutzung von **Landstrom** in Häfen, die Verwendung von **Lebensmitteln** aus nachhaltigen und je Route lokalen Quellen[20] bei gleichzeitiger **Reduktion der Verschwendung** von Lebensmitteln (→ Kapitel 6.2 ▸ Müllproblematiken), die **Vermeidung von Overtourismus** durch zu viele gleichzeitige Schiffsanlandungen (→ Kapitel 8) sowie **faire Arbeitsbedingungen** und Lohnniveaus.

In Deutschland marktführende Kreuzfahrtunternehmen wie *TUI Cruises* oder *AIDA* geraten somit nicht nur unter ökologischen Aspekten, sondern auch wegen der **Ausbeutung von Beschäftigten** auf den Schiffen in die Kritik. So warf die Publikumszeitschrift *Der Spiegel* ***TUI Cruises*** im Juni 2017 vor, dass das Unternehmen **unter maltesischer Flagge** fährt und so 2015 nur 0,05 % Steuern auf seinen Gewinn zahlt. Weil deutsches Arbeitsrecht und Mitbestimmung an Bord nicht gelten, zahle die Reederei manchen Arbeitskräften an Bord **nur 2,40 EUR Stundenlohn**. Dies verstößt beispielsweise **gegen den Menschenrechtsgrundsatz auf einen angemessenen Lebensstandard und auf befriedigende Arbeitsbedingungen**. Möglich ist dies, weil viele Kreuzfahrtschiffe, auf denen die Namen deutscher oder amerikanischer Unternehmen stehen, **unter der Flagge Panamas** (ca. 17 % aller weltweit registrierten Hochseekreuzfahrtschiffe), der **Bahamas** (ca. 35 % aller Hochseekreuzfahrtschiffe), der **Bermudas** (14 %) oder Maltas (11 %) fahren. Die Kreuzfahrtgesellschaften können selbst wählen, unter welcher Flagge sie ihre Schiffe registrieren möchten. Solche Schiffe gelten völkerrechtlich als schwimmender Gebietsteil des Landes, dessen Flagge sie führen; sie unterliegen also den **Rechtsvorschriften des Flaggenstaates** (auch hinsichtlich des Arbeitsrechts). Die Schiffe stellen jedoch keine „schwimmenden Territorien" dar, so

[19] Vgl. auch Steinecke, Kreuzfahrttourismus, Kapitel 5.

[20] So bezieht das kleine Expeditionsschiff *Ocean Diamond* (ca. 200 Gäste) des isländischen Reiseveranstalters Iceland Pro Travel auf seinen Islandumrundungen Fisch und Lammfleisch aus Island. Dabei kooperiert das Unternehmen mit einer Fischfabrik im Dorf Flateyri, die von der Schließung bedroht war. In diesem Zusammenhang kooperiert Iceland Pro Travel auch mit einem deutschen Veranstalter für Angelreisen. Auch bei Touren vor Grönland wird dort lokal Fisch, Rentier oder Moschusochsenfleisch eingekauft. Vgl. Brunner, Nachhaltige Kreuzfahrten.

dass die territoriale Hoheitsgewalt eines Küstenstaates, in dessen Gebiet sich das Schiff befindet, nicht hinfällig wird.[21] Dank des Ausflaggens können die Reedereien leicht beteuern, dass sie alle rechtlichen Vorgaben auch hinsichtlich der Arbeitsbedingungen ihrer Beschäftigten einhalten – in Italien, unter dessen Flagge *AIDA* fährt, gibt es nämlich z.B. keinen gesetzlichen Mindestlohn. Die *AIDA*-Schiffe fahren unter der Flagge Italiens, obwohl Deutschland der Stammquellmarkt des Unternehmens ist. **Kein Schiff, für das in Deutschland Hochseekreuzfahrten angeboten werden, fährt unter deutscher Flagge!** Eine der für z.B. den Hamburger Hafen wichtige Reederei, eben ***AIDA***, ist eine Tochter der amerikanischen *Carnival Corporation.* In den daher in den USA publizierten Geschäftszahlen für *AIDA* heißt es, dass *AIDA* von der deutschen **Unternehmenssteuer** ausgenommen ist.[22] Durch das **Ausflaggen** profitieren die Kreuzfahrtunternehmen also sowohl von **günstigeren Steuern** als auch von **wenig strengen Arbeitsgesetzen**.

Auf einem Kreuzfahrtschiff liegt das **Verhältnis zwischen Crew-Mitgliedern und Gästen** (sog. *passenger-crew-ratio*) üblicherweise bei 1: 0,25 bis 1: 1 (d.h. auf einen Passagier kommen 0,25 bis ein Mitarbeiter). Es ist üblich, dass auf einem Kreuzfahrtschiff **Angestellte aus vielen verschiedenen Nationen** vertreten sind. Circa 70 % der Beschäftigten kommen aus relativ armen Ländern in **Südostasien**, Zentralamerika oder der Karibik. **Filipinos** machen mit ca. 30 % (bei einigen Reedereien noch mehr) den größten Teil der Mitarbeiter an Bord der meisten Kreuzfahrtschiffe aus, da sie nicht nur **preisgünstig** zu beschäftigen sind, sondern auch über relativ **gute Englischkenntnisse** verfügen. Sie gelten als sehr **freundlich** und physisch **attraktiv**, es gibt viele **junge** arbeitssuchende Filipinos, und außerdem gehen von ihnen **kaum arbeitsrechtliche Forderungen** aus, da sie angesichts des Überangebots an Arbeitskräften aus ihrem Land fürchten müssten, bei Beschwerden oder Protesten gegen die schlechten Arbeitsbedingungen auf den Schiffen ihren Job zu verlieren (denn auch Kündigungsschutzrechte gibt es, je nach Flaggenstaat, kaum). Zwar gibt es eine internationale Gewerkschaft, die auch Seefahrer berücksichtigt

---

[21] Analog gilt dies auch für Flugzeuge. Siehe Deutscher Bundestag, Hoheitsgewalt.

[22] "AIDA's earnings are exempt from German corporation tax". Information der US-Börsenaufsicht SEC (United States Securities and Exchange Commission), 2013. AIDA unterliegt stattdessen einem Steuersatz von nur ca. 6 % in Italien, da die Schiffe unter italienischer Flagge fahren.

(*ITF = Internationale Transportarbeiter-Föderation*) und ein internationales Seearbeitsübereinkommen, doch bieten diese nur Regelungen auf niedrigstem Niveau und sind daher zur Garantie von angemessenen Arbeitsbedingungen (vergleichbar mit westlichen Standards) faktisch kaum von Einfluss. So beschäftigte ***AIDA*** 2017 ca. 11.400 Mitarbeiter, davon ca. **10.000 an Bord der zwölf Schiffe** (mit ca. 25.000 Betten), aus 40 Ländern.[23] Die Höchstarbeitszeit auf Seeschiffen beträgt laut ILO-Übereinkommen 180 von 2002 „eigentlich" 72 Wochenstunden, wobei Ausnahmen für längere Arbeitszeiten möglich sind. Auf Schiffen, die unter deutscher Flagge fahren (würden), liegt die Höchstarbeitszeit laut deutschem Seearbeitsgesetz geringer. **Sieben Arbeitstage** pro Woche mit **bis zu 80 Wochenstunden** aufgrund von Tagesarbeitszeiten von zehn bis vierzehn Stunden sind jedoch in der Realität übliche **Arbeitsbedingungen** für das Servicepersonal auf Schiffen – bei im Vergleich zu deutschen Lohnstandards weit unterdurchschnittlicher Bezahlung. Zusammenhängende **Arbeitseinsätze von sechs bis zehn Monaten** sind keine Seltenheit. Viele Tätigkeiten werden dauerhaft **stehend** ausgeübt, ohne ausreichende Ruhepausen; das Servicepersonal auf Schiffen leidet daher oft unter Rückenproblemen, Bandscheibenvorfällen oder Venenproblemen. Erschwerend kommt die **Schichtarbeit** hinzu, die einen eher unregelmäßigen Arbeits- und Ruherhythmus bewirkt. Untergebracht sind diese Mitarbeiter meist in einfach ausgestatteten, **kleinen Kabinen** (oft kleiner als 10 qm), oftmals als **Mehrbettunterkunft** (z.B. Zweier- oder Viererbelegung) und mit gemeinschaftlich genutzten Sanitärräumen im **fensterlosen Innenbereich** der **unteren Decks** des Schiffes, den die Urlauber nicht zu sehen bekommen. Verpflegt werden sie meist in eigenen **Personalrestaurants**.

Arbeitskräfte sind ein Exportschlager der **Philippinen** und eine wichtige Einnahmequelle des philippinischen Staates. Filipinos gehen quasi als **Wanderarbeiter** zum Arbeiten ins Ausland und Gelder fließen ins eigene Land zurück. **Manila** ist ein gigantischer Markt für solche Arbeitskräfte. Über Agenturen werden vor allem auf dem sog. **Seefahrermarkt** in der **Kalaw Avenue** in Manila täglich Tausende Menschen angeworben, um auf Kreuzfahrt- und Containerschiffen oder Öltankern zu arbeiten. ***Magsaysay*** ist eine der führenden Vermittlungsagenturen Manilas für Schiffspersonal (Leiharbeiter), dane-

[23] Siehe AIDA Cruises Zahlen & Fakten auf → *www.aida.de* (Stand 1/2019).

ben gibt es weitere große wie beispielsweise die ***Philippine Transmarine Carriers Inc. (PTC)*** sowie mehrere Hundert kleinere Vermittler. *Magsaysay* ist u.a. für *AIDA* oder *Costa* tätig, *PTC* u.a. für *Royal Caribbean. Magsaysay* entsendet schätzungsweise 50.000 Seefahrer auf Hochseeschiffe weltweit, *PTC* ca. 25.000. Agenturen wie *Magsaysay* bietet den Kreuzfahrtunternehmen einen Rundumservice an, von der **Rekrutierung** und dem **Gesundheitscheck** über die **Ausbildung** und **Entsendung** der Mitarbeiter bis zur Entlohnung; dafür erhalten sie von den Auftraggebern, den Reedereien, ein Vermittlungsentgelt. Angeboten werden somit auch Schulungen (z.B. über das *Magsaysay Institute for Hospitality and Culinary Art – MIHCA*), mit denen die Filipinos ihr Seemannsbuch erlangen können. Diese Ausbildung (z.B. als Küchenpersonal, Kellner, Reinigungskraft oder Kabinensteward) müssen die angehenden **Seeleute selbst zahlen**. Nach einem achttägigen **Grundkurs** (Seemannsbasistraining), bei dem insbes. das Verhalten auf dem Schiff in Notsituationen geübt wird (Feuer löschen, Verletzte bergen, Schiff evakuieren, mit Rettungsausrüstung ins Wasser springen etc.), wird an simulierten Empfangscountern oder Restauranttischen, wie sie identisch auf den Kreuzfahrtschiffen zu finden sind, der künftige Job trainiert. Ebenso gehört ein **interkulturelles Training** zur Ausbildung (Umgang mit Gästen verschiedener Nationen etc.). Auch Bewerber für höhere Positionen wie Steuerleute können bei den Agenturen an z.B. **Schiffssimulatoren** ausgebildet werden. Je nach angestrebter Stelle können mehrere Tausend Dollar an **Ausbildungskosten** zusammenkommen – viel Geld für die meisten Filipinos (das sich diese ggf. auch über Darlehen besorgen). So dienen die ersten Arbeitsmonate oft nur dazu, die Ausbildungskosten wieder hereinzubekommen und die ggf. dafür aufgenommenen Schulden abzutragen. Das so erlangte **Seemannsbuch** ist im Sinne einer persönlichen Grundvoraussetzung für eine Tätigkeit auf See die Eintrittskarte für die begehrten Jobs auf hoher See. Eine Garantie, damit eine Arbeitsstelle in der Kreuzfahrtindustrie zu erhalten, haben sie zwar nicht, aber die Chancen sind gut.

Der Lohn für einen Kabinensteward liegt (2018) bei ca. **600 USD pro Monat** (+ Logis und Kost sowie Trinkgelder), eine Spülhilfe in der Küche oder ein Mitarbeiter in der Wäscherei bekommen weniger, ein Mitarbeiter am Buffet erhält mit ca. 700 USD etwas mehr. Das vereinbarte Geld wird den Seeleuten in voller Höhe ausgezahlt, doch gibt es auch „schwarze Schafe“ unter den kleineren Vermittlungsagenturen, die einen Teil der Heuer (illegalerweise) einbehalten. Abgegolten sind mit dem Lohn auch bis zu 150 Überstunden im Monat. Somit erhalten viele philippinische Seefahrtbeschäftigte einen Stundenlohn, der nur zwischen zwei und drei Dollar liegt.[24] Dieses Grundgehalt, ergänzt um die zusätzlichen Vergütungsbestandteile wie freie Verpflegung und Unterkunft, liegt über dem landesüblichen Lohnniveau, so dass eine Beschäftigung auf einem Kreuzfahrtschiff für Filipinos trotz der harten Arbeitsbedingungen finanziell lukrativ ist. Die ansonsten eher schlechten wirtschaftlichen Verhältnisse und Lebensbedingungen auf den Philippinen treiben daher viele Filipinos auf die Kreuzfahrtschiffe. Auch mit einer guten Ausbildung kann man im Land meist nur deutlich weniger verdienen als mit einer Anstellung auf einem Kreuzfahrtschiff.

Natürlich wird niemand gezwungen, zu solchen Konditionen auf einem Hochseeschiff zu arbeiten. Von daher: Jeder ist seines Glückes Schmied, auch ein Filipino, der freiwillig als Seemann/-frau anheuert. Aber wird hier nicht eine wirtschaftliche Notlage von Menschen durch westliche Kreuzfahrtunternehmen unter Umgehung von westlichen Arbeitsschutzbestimmungen ausgenutzt?

Viele Filipinos beginnen einfache und schlecht bezahlte Jobs (z.B. in der Spülküche oder Wäscherei) auf den Schiffen in der (in ihnen geschürten) Hoffnung, bald in anspruchsvollere und besser bezahlte Positionen befördert zu werden – eine Hoffnung, die oft enttäuscht wird. Die anstehenden Belastungen physischer und psychischer Art sind ihnen vor Beginn ihrer (ersten) Tätigkeit an Bord oft nicht bewusst. Langfristig hoffen sie auf ein besseres Leben in der Heimat, nach der Seefahrerzeit, z.B. mit einem eigenen modernen Haus im sog. **The Seamens's Village** bei Manila, das von der Seefahrergewerkschaft initiiert wurde (und während des Jahres fast nur von den Ehefrauen und Familienmitgliedern der Seefahrer bewohnt wird). Vom Lohn, der über die Agenten und philippinische Banken ausgezahlt wird, streicht die Regierung einen Teil der Heuer ein. Jährlich spülen diese Wanderarbeiterlöhne ca. 10 Mrd. USD ins Land, die so das Inlandsprodukt steigern.

Auf See sind die Mitarbeiter oft monatelang abgeschnitten von ihren Familien zu Hause. Heimweh plagt viele. Sie leben ein recht einsames

---

[24] Drei Dollar entsprechen (Anfang 2019) ca. 2,70 EUR. Zum Vergleich: Der Mindeststundenlohn lag 2018 in Frankreich bei 9,88 EUR, in Deutschland bei 8,84 EUR (2019: 9,19 EUR).

Leben, mit allenfalls oberflächlichen Kontakten zu ihren Kollegen, haben in den engen Mitarbeiterbereichen kaum Raum für eine Privatsphäre. Die Richtlinien an Bord sind streng: Ruhezeiten sind festgelegt, Alkohol und Glücksspiel sind verboten, private Kontakte zu Passagieren sind untersagt, die Aufgaben sind klar anhand von Befehlsketten verteilt. Es gibt zwar keine offensichtlich skandalträchtigen Ausbeutungen, doch eine Art Parallelwelt zu Glitzer, Luxus und Urlaubssorglosigkeit der Gäste auf den Schiffen. Mit Seefahrerromantik, Lebensgenuss, Work-Life-Balance und der Entdeckung der großen weiten Welt hat dies nicht viel zu tun. Hier unter Deck zeigen sich die Schattenseiten der Globalisierung. Lediglich höhere Positionen und Managementstellen sind mit westlichen (z.B. europäischen, deutschen) Mitarbeitern besetzt. Auf der Ende 2018 fertiggestellten *AIDAnova* beispielsweise ist ein Deutscher Küchenchef, der über ca. 400 Mitarbeiter aus ca. 40 Ländern führt.

Die **Stiftung Warentest** hat im Dezember 2018 je drei Kreuzfahrtschiffe u.a. der Reedereien *AIDA Cruises, TUI Cruises, Costa Crociere* und *MSC* hinsichtlich verschiedener Kriterien, wie Umweltschutz, Sicherheit und **Arbeitsbedingungen** an Bord, untersucht. Die Studie bestätigt, dass die Reedereien den wenig strengen rechtlichen Rahmen der Flaggenstaaten ausnutzen, indem ihre Angestellten regelmäßig **zehn bis zwölf Stunden pro Tag arbeiten** müssen und dafür oft nur **Stundenlöhne zwischen 2,65 EUR und 4,40 EUR** erhalten. Freie Tage gebe es oft monatelang nicht. Alle von der *Stiftung Warentest* untersuchten Kreuzfahrtschiffe wurden daher in dieser Kategorie nur mit „ausreichend“ bewertet.

Dass diese Fragen in der **Kreuzfahrtindustrie bislang schlecht geregelt** sind, hat mit ihrer **Internationalität** zu tun. So wird argumentiert, dass einzelne Länder hier wenig mit nationalen Regelungen ausrichten können. Doch wäre zum einen eine **EU-weite Regelung** sicherlich realisierbar und ein erster guter Ansatz (so wie es beim Emissionsrechtehandel auch EU-weit vereinbart wurde, → Kapitel 6.3 ▸ Ökologische Belastungen durch Flugverkehrsemissionen), zum anderen kann man auch als einzelnes Land hinterfragen (und verhindern), dass Schiffe im Hafen anlanden dürfen, die in Steuerparadiesen registriert sind und arbeitsrechtliche Mindeststandards nicht gewährleisten. Die Regeln z.B. der *Europäischen Menschenrechtskonvention* könnten angewendet werden.[25]

5.3 Schlimme Extreme sozio-kultureller Probleme: Tourismus und Kinderprostitution

Ursachen und Ausmaß der tourismusinduzierten Kinderprostitution

In einem Interview wurde der Verfasser einmal gefragt, was seiner Meinung nach die **schlimmsten negativen Auswirkungen des Tourismus** sind. Nach kurzer Überlegung gab der Verfasser die klare Antwort: sexuelle Ausbeutung von Kindern in den Zielländern durch pädophile Touristen – **Kinderprostitution**.

Mit Prostitution meint man die gewerbsmäßige körperliche Hingabe einer Person an beliebige andere Personen zu deren sexueller Befriedigung. **Kinderprostitution** ist eine Form der Prostitution, bei der sich Kinder als Sexualobjekt anbieten bzw. – gegen deren Willen – angeboten werden. Die betroffenen Kinder arbeiten in Einrichtungen wie Bordellen, Massagesalons, Bars, Hotels, Restaurants oder auf der Straße. Auch von ihren eigenen Eltern werden sie „vermarktet". Sie werden oft mit körperlicher oder psychischer Gewalt zu dieser Tätigkeit gezwungen und erhalten als Entlohnung Geld oder auch nur Naturalien. Die Täter leben an und mit den Kinderprostituierten nicht nur ihren Sexualtrieb aus, sondern insbesondere ihren Wunsch nach Machtausübung, Kontrolle sowie Unterwerfung und Demütigung anderer. Nach Schätzungen des UN-Kinderhilfswerks *UNICEF* gibt es weltweit etwa **zwei Millionen minderjährige Prostituierte**. 15 Mio. Mädchen werden laut einer *UNICEF*-Untersuchung von 2017 weltweit jährlich zu Sex oder Pornografie gezwungen; 2009 gab *UNICEF* dazu noch einen (weitaus höheren und vermutlich unrealistischen) Wert von 150 Mio. Mädchen und 73 Mio. Jungen unter 18 Jahren an.[26] Hundertausende Kinder werden über Ländergrenzen hinweg verkauft. Die Zahlenschätzungen schwanken also enorm; **genaue Zahlen liegen nicht vor**.[27] Die Zahl der Prostituierten in einem Land

---

[25] Siehe Deutscher Bundestag, Hoheitsgewalt, S. 2.

[26] Vgl. UNICEF, Zerstörte Kindheit.

[27] Vgl. auch Minninger, Kinderprostitution, S. 14.

lässt sich schwer feststellen – besonders wenn es sich dabei um Kinder handelt. Illegale „Arbeitsformen“ wie diese sind kaum messbar. Darin liegt auch der Grund für die enormen Schwankungen, denen die Angaben verschiedener Quellen unterliegen. Besonders vor einigen Jahren noch überstiegen die von den Hilfsorganisationen genannten Zahlen die Angaben der Regierungen zumeist um ein Vielfaches. Heute gestehen die meisten Regierungen der betroffenen Länder Kinderprostitution in ihrem Land ein, dennoch gibt es enorme Abweichungen bei den Schätzungen – auch zwischen den Hilfsorganisationen.

Einen Anhaltspunkt über die Ausmaße von Kinderprostitution in verschiedenen Ländern bieten die folgenden Zahlen, die Mitte der 1990er-Jahre ermittelt worden sind und auch mehr als zehn Jahre später noch von *UNICEF* publiziert werden:[28]

Land	vermutete Zahl der Kinderprostituierten
Bangladesh	10.000
Brasilien	250.000–500.000
Kambodscha	2.000
Kenia	25.000
Indien	400.000–500.000
Osteuropa	100.000
Pakistan	40.000
Philippinen	60.000–100.000
Sri Lanka	30.000
Thailand[29]	30.000–800.000
Vereinigte Staaten	300.000
Vietnam	8.000–40.000

4 | Zahl der Kinderprostituierten in verschiedenen Ländern

Auch wenn das Zentrum noch heute im südostasiatischen Raum liegt, so ist Kinderprostitution doch zu einem weltweiten Phänomen geworden. Diese Form der sexuellen Ausbeutung tritt insbesondere in den

[28] Vgl. O'Grady, Vergewaltigung, S. 100, 150, 154, 158; terre des hommes, Alles käuflich?, S. 5, zitiert nach: UNICEF; UNICEF, Information, S. 9.

[29] Für Thailand schwanken die Schätzungen zwischen 30.000–40.000 (ECPAT), 200.000 (thailändische Regierung) und 800.000 (Lukas, Missbrauchte Kinder, S. 17).

(früheren) **Militärstützpunkten** westlicher Mächte in Südostasien, in vom westlichen Tourismus profitierenden sog. **Dritte-Welt-Ländern** und in **Grenzregionen mit einem hohen Wohlstandsgefälle** (wie z.B. Deutschland – Tschechien oder USA – Mexiko) auf.

Die folgende Abbildung stellt in groben Zügen verschiedene mögliche **Ursachen** für die Entstehung von Kinderprostitution – unter Einbeziehung des Auslands als Einflussfaktor – dar. Die genannten Folgen und Auswirkungen sollen ebenfalls nur einen allgemeinen Überblick geben. Sie könnten noch um eine Vielzahl weiterer Punkte ergänzt werden. Auch wenn sich die meisten Aussagen auf Thailand beziehen, so ist die der Abbildung zugrundeliegende Ursache-Wirkungs-Kette doch für die meisten von Kinderprostitution betroffenen Länder gültig (eine Ausnahme bilden hier die westlichen Industrieländer, in denen Kinderprostitution allerdings auch in völlig anderem Maße vorkommt).

[1] Nach Schätzungen der *Weltbank* leben heute 31 % der thailändischen Bevölkerung unter dem Existenzminimum; davon leben weit über die Hälfte in Dörfern im Norden und Nordosten Thailands. Aus diesen Gebieten stammen drei Viertel aller thailändischen Prostituierten (Lukas, Missbrauchte Kinder, S. 30).

[2] Um einen falschen Eindruck zu vermeiden, sollte klargestellt werden, dass in fast allen von Kinderprostitution betroffenen Ländern die Zahl der Einheimischen, die hiervon Gebrauch machen, wesentlich höher liegt als der Anteil der Touristen.

[3] Auch wenn der Anteil der Einheimischen, die Kinder missbrauchen, wesentlich höher liegt, so tragen ausländische Sextouristen doch eindeutig zur Nachfrage bei. In ihren Heimatländern setzen sie sich bei dem Versuch, ihren Neigungen nachzugehen, einem sehr großen Risiko aus. Im Ausland ist es dagegen kein Problem für sie, Sex mit einem Kind zu kaufen. Es ist nicht möglich, über die Zahl und Herkunft ausländischer Freier genaue Angaben zu machen. *ECPAT* versuchte vor einigen Jahren durch die Betrachtung der Anzahl und Herkunft bisher verurteilter Täter nähere Erkenntnisse zu gewinnen. Diese Untersuchung ergab, dass von den 160 ausländischen Männern, die zwischen 1991 und 1993 in Asien wegen Kindesmissbrauchs verurteilt worden sind, 25 % aus den USA, 18 % aus Deutschland, 14 % aus Australien, 12 % aus Großbritannien und 6% aus Frankreich stammten. Für 1996 ergab sich ein ähnliches Bild: 21 % der „Kinder-Sex-Täter“ waren US-

Amerikaner, 17 % Deutsche, 15 % Briten, 11 % Australier und je 7 % Franzosen bzw. Japaner. Terres des hommes schätzt, dass „rund 10.000 deutsche Touristen jährlich die Körper von Kindern in Tourismuszentren der Dritten Welt" ausbeuten (Suchanek, Ausgebucht, S. 49, zitiert nach: terre des hommes).

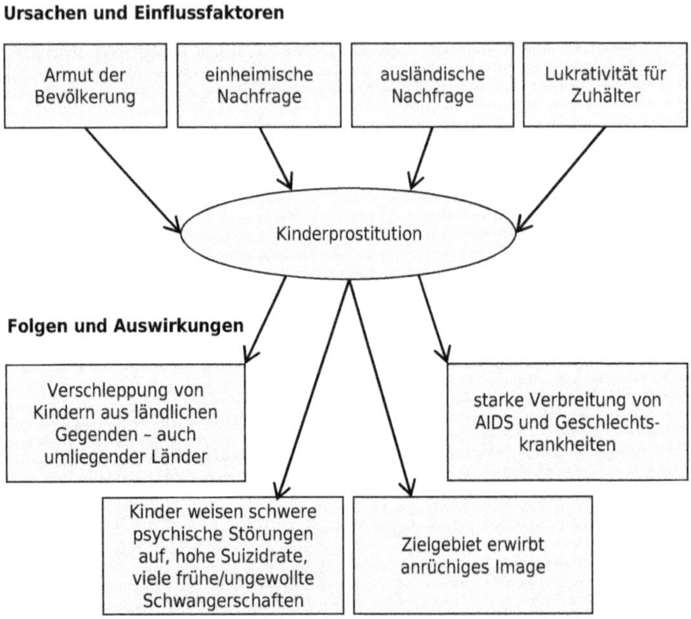

5 | Ursachen und Auswirkungen der Kinderprostitution

[4] Besonders das Geschäft mit Ausländern ist für Zuhälter sehr lukrativ. Diese sind bereit, mehr für ein Kind zu bezahlen, wobei den Kindern von dem, was die Freier bezahlen, meist nur ein Bruchteil bleibt. Der weitaus größte Anteil geht an die Zuhälter, Bar- und Bordellbesitzer. Indirekt verdient noch eine wesentlich größere Gruppe an den Kindern, z.B. Hotelbesitzer, Taxifahrer – die gesamte Tourismusindustrie. Viele Länder sind mittlerweile abhängig von Devisen der ausländischen Touristen. Lange Zeit schien es egal, welche Art von Touristen die Devisen ins Land bringen.

[5] In vielen Gebieten ist die Nachfrage nach Kinderprostituierten so groß, dass die nähere Umgebung den Bedarf nicht mehr decken kann. Die Kinder – zumeist junge Mädchen – werden aus den ländlichen Gegenden angelockt oder gar verschleppt und in die

Bordelle der Städte gebracht. In einigen Dörfern gibt es kaum noch Mädchen. Bei einer stichprobenhaften Untersuchung im Rahmen der internationalen Kampagne *ECPAT* fand man in neun Ortschaften Thailands nur fünf Mädchen zwischen 13 und 14 Jahren (Vgl. Hallaschka, Kinder als Sklaven, 1997, S. 34). Der Menschenhandel findet jedoch nicht nur innerhalb Thailands statt, sondern auch über die anliegenden Grenzen hinweg. Besonders aus Burma, China und Laos werden Kinder ins Land gebracht.

[6] Nach Schätzungen von *UNAIDS* waren 1996 in Asien bereits 5,2 Mio. Menschen HIV-positiv, die meisten davon in Thailand und Indien. Aus Angst vor einer Infizierung nimmt die Nachfrage der Freier nach immer jüngeren Prostituierten in erschreckendem Maße zu. Kinder unter 12 Jahren sind keine Seltenheit. Die Annahme allerdings, dass so die Ansteckungsgefahr mit AIDS verringert wird, ist ein Trugschluss. Im Gegenteil: Da die Kinder beim Geschlechtsverkehr leichter verletzt werden, erhöht sich das Risiko einer Infizierung. Die traurige Bilanz: schätzungsweise ein Drittel der Kinderprostituierten in Thailand ist bereits HIV-positiv. Damit ist der Ausbreitung von Geschlechtskrankheiten und AIDS keine Grenzen gesetzt, wobei anzumerken ist, dass dies natürlich auch für die Heimatländer der Sextouristen gilt. Eine nicht zu unterschätzende Zahl von ihnen nimmt die Erreger mit nach Hause, wo sie dann unter Umständen ihre dortigen PartnerInnen anstecken.

[7] Nach einer Umfrage von *UNICEF* in einer Touristensiedlung in der Dominikanischen Republik hatten dort „48 Prozent aller weiblichen Prostituierten zwischen sechzehn und achtzehn Jahren bereits ein oder zwei Kinder“ (Suchanek, Ausgebucht, S. 50). Nur selten können die jungen Mütter sich und ihre Kinder ausreichend versorgen. Die wenigsten schaffen es, zu den ausländischen Vätern Kontakt aufzunehmen. Kaum eine kann mit Unterhaltszahlungen rechnen. Damit steht ihren Kindern ein ähnliches Schicksal bevor.

[8] Hat ein Land erst einmal das Image eines Urlaubsparadieses für Sextouristen, verliert es stark an Attraktivität für andere Urlaubergruppen (z.B. Familien). Damit verliert es einen Großteil seiner potentiellen Besucher und die damit verbundenen Einnahmen. Nur mit größter Mühe kann ein derartiges öffentliches Bild widerlegt werden.

Beispiel Asien

Die Konzentration der Kinderprostitution auf den südostasiatischen Raum lässt sich aus der Geschichte und der heutigen wirtschaftlichen und sozioökonomischen Situation heraus erklären. Die im Folgenden dargestellte „Massen-Prostitution" basiert nicht auf alten Traditionen, wie häufig als Rechtfertigung proklamiert wird. Allerdings galten Kinder und Frauen bis Mitte des 19. Jahrhunderts als Eigentum des Hausherrn. Hatte dieser Schulden, so konnte er seine Kinder an den Gläubiger verkaufen. Sie wurden damit jedoch nicht zwangsläufig zur Prostitution gezwungen (obwohl es sicherlich in einigen Fällen dazu gekommen ist) – im Gegensatz zur heutigen Situation.

1908 wurde der Verkauf von Kindern gänzlich verboten. Allerdings war es weiterhin möglich, ein Kind einem Gläubiger zum Geschenk zu machen. In einigen Gebieten Nordthailands wird diese Art der „Schuldenbegleichung" noch heute betrieben.

Eher lässt sich die Prostitution in ihrer heutigen weitreichenden Form auf die **Indochina-Kriege** der 1960er- und 1970er-Jahre zurückführen – besonders in Thailand, Vietnam und auf den Philippinen.

Zur Zeit des **Vietnamkriegs** waren zwölf Jahre lang, von 1964 bis 1976, etwa 50.000 amerikanische Soldaten auf sieben Militärstützpunkten in Thailand stationiert. Hinzu kamen ca. 700.000 GIs auf **Rest & Recreation**[30]-Fronturlaub. Um die Stützpunkte entstand schnell eine regelrechte Unterhaltungsinfrastruktur, bestehend aus Bars, Bordellen, Massagesalons und Striptease-Lokalen. Bangkok wurde zum „R&R-Zentrum". Doch auch im Nordosten Thailands, einer der ärmsten Regionen, entstand eine „R&R-Infrastruktur". Für Thailand und die anderen Länder wurden die Devisen der Militärs zu unverzichtbaren Einnahmequellen.

Nach Abzug des amerikanischen Militärs verlief die **Übernahme der Unterhaltungsinfrastruktur durch die Tourismusindustrie** reibungslos. Die Prostituierten, die vorher um die Stützpunkte herum gelebt hatten, strömten in großen Zahlen in die Zentren von **Bangkok** und **Pattaya**. Dieser problemlose Übergang ist auf die Haltung der thailändischen Regierung zurückzuführen, die schon Ende der

[30] „Rest and Recreation"-Erholungsurlaube wurden eingeführt, um die „Moral" der Truppe aufrecht zu erhalten. Sie beinhalteten in der Regel auch die Dienste von Prostituierten.

1960er-Jahre verstärkt für den Tourismus warb.[31] Neben der Werbung trugen auch die Mundpropaganda der Kriegsheimkehrer sowie die sinkenden Preise für Fernflüge dazu bei, dass die Zahl der internationalen Touristen sprunghaft anstieg. Während es 1965 noch 250.000 waren, stieg die Zahl bis 1999 auf über 8,8 Millionen.[32]

Der Anteil der männlichen Touristen wird je nach Herkunftsland mit 60–80 % angenommen.[33] Davon sind nach Schätzungen bis zu 80 % Sextouristen, allerdings gehen hier die Annahmen auseinander. Nach diesen Werten ergäbe sich allein für Thailand eine Gesamtzahl von über vier Millionen Sextouristen pro Jahr. Wie viele davon Kinder missbrauchen, ist schwer zu sagen. Es gibt Schätzungen, die davon ausgehen, dass **sich 5–10 % der Sextouristen an Kindern** vergehen.[34]

Thailand hatte früher eine geradezu kriminelle Infrastruktur. Verschwiegene Taxifahrer, Barleute, die Tipps gaben, bis hin zu Hotels, in denen die Mitarbeiter wegsahen, wenn Einzelreisende mit fremden Kindern zum Aufzug gingen.[35] Doch hat seit den 2000er-Jahren der **Verfolgungsdruck in Thailand zugenommen**, so dass die Missbrauchsfälle dort zurückgehen. Die thailändische Regierung möchte das negative Image einiger Urlaubsorte ändern, um diese für andere touristische Zielgruppen interessanter zu machen. Gleichwohl besteht das große Problem der Korruption, so dass die Betreiber von Etablissements ebenso wie Sextouristen gegen Zahlung eines Geldbetrages an die Beamten oft unbehelligt bleiben. Zudem ist das Problem der Kinderprostitution auch bei einer strengeren Verfolgung in Thailand nicht beseitigt, denn Pädokriminelle weichen in andere Länder aus, etwa nach Laos, Vietnam oder Kambodscha. Dort haben sie es leichter, weil Armut und Korruption herrschen und die Behörden nur zögerlich reagieren.

Die starke Verbreitung des AIDS-Virus in Thailand führte dazu, dass die internationalen Sextouristen und Pädophilen anfingen, auf andere Gebiete auszuweichen, u.a. auf die Philippinen. Die Philippinen mach-

---

[31] Vgl. Niesner, Bestandsaufnahme, S. 25.

[32] Suchanek, Ausgebucht, S. 55, sowie WTO-Angabe.

[33] Vgl. Suchanek, Ausgebucht, S. 55, Niesner, Bestandsaufnahme, S. 26, Launer, Sextourismus, S. 13.

[34] Vgl. Lukas, Missbrauchte Kinder, S. 16.

[35] Vgl. Brunner, Sextourismus – Hinschauen!

ten eine ähnliche Entwicklung durch wie Thailand. So wurden Orte wie **Subic Bay**, **Angeles** und **Olangapo**, die schon früh von den Amerikanern zu militärischem Gebiet erklärt worden waren, im Zuge des Vietnamkrieges zu „Rest & Recreation"-Zentren. Auch hier trafen der internationale Ferntourismus und damit der Sextourismus auf ideale Bedingungen. Die gesuchte Unterhaltungsstruktur war vorhanden und wuchs stetig. Die Hauptstadt **Manila** entwickelte sich zu einem weiteren Prostitutionszentrum.

Besonders in den 1980er-Jahren nahmen Nachfrage und Angebot an Kinderprostituierten in erschreckendem Umfang zu. Die meisten Kinderprostituierten stammen aus den verarmten Provinzen des Landes. Neben denjenigen, die von Zuhältern kontrolliert werden, haben sich viele Kinder zu Straßenbanden zusammengeschlossen. Sie leben und arbeiten zum größten Teil in den Touristenvierteln Manilas. Dort sind Prostitution, Diebstahl und Drogenkonsum eng miteinander verbunden.

Allerdings darf nicht angenommen werden, dass diese Industrie nur von Einheimischen beherrscht wird. „Ende 1989 brachte eine Studie über das Sex-Geschäft auf den Philippinen ans Tageslicht, dass japanische, deutsche und australische kriminelle Vereinigungen den größten Teil der Sexindustrie um Manila kontrollieren, während in Olongapo und Subic Bay amerikanische Vereinigungen das Heft in der Hand halten."[36] Doch überall wird nach wie vor mit den lokalen kriminellen Vereinigungen zusammengearbeitet.

Wendet man den Blick ab von Asien, hin zu anderen von Kinderprostitution betroffenen Ländern, dann nimmt die Zahl der zur Verfügung stehenden Informationsmaterialien stark ab. Auch die **Dominikanische Republik** oder **Kenia** sind seit Jahren bekannte Reiseziele für Sextouristen und Pädophile.

Eine Ursache für den starken Anstieg der Kinderprostitution – nicht nur in Asien und Afrika, sondern weltweit – ist sicherlich auch die **Informationsverbreitung durch das Internet**. Es ist seit Längerem bekannt, dass Pädophilen-Vereinigungen dieses Medium nutzen, um „Reisetipps" auszutauschen. Interpol-Informationen zufolge wird auch Südafrika dort als Reiseziel beschrieben, in dem „Kinder leicht zu haben seien".[37]

---

[36] O'Grady, Vergewaltigung, S. 33.
[37] Suchanek, Ausgebucht, S. 47.

Kinderprostitution durch Sextourismus in Europa

In Europa liegt der Schwerpunkt der Kinderprostitution im Osten – in **Russland**, **Rumänien**, **Polen**. Bei seinen Untersuchungen konnte *ECPAT* feststellen, dass ausländische Pädophile auch in diesen Ländern Netzwerke aufbauen.[38] Offizielle Schätzungen über die Anzahl der minderjährigen Prostituierten liegen nicht vor. Es gibt vermehrt Meldungen von verschwundenen Kindern, die wahrscheinlich in andere mittel- oder osteuropäische Länder verschleppt worden sind. Auch hier gibt es Sextouristen – besonders aus den umliegenden Ländern. Dort ist bekannt, dass in den osteuropäischen Ländern Kinderprostituierte relativ leicht zu finden sind.

Wissen | ECPAT

ECPAT ist eine 1990 gegründete, international agierende NGO zum Schutz von Kindern vor sexueller Ausbeutung. Die Abkürzung ECPAT wird unterschiedlich interpretiert (z.B. End Child Prostitution Pornography and Trafficking of Children oder End Child Prostitution, Child Pornography and Trafficking of Children for Sexual Purposes). Interessanterweise weist die Website → *www.ecpat.org* keine Namensbedeutung an exponierter Stelle aus. ECPAT International hat seinen Sitz in Bangkok, Thailand, ist aber in fast Hundert Staaten mit eigenen Länderorganisationen vertreten, so z.B. in Deutschland mit ECPAT Deutschland e.V., Freiburg, der wiederrum ein Zusammenschluss von vielen Interessensgruppen und Organisationen ist.

Armut kann auch hier als Hauptursache für die herrschende Kinderprostitution angeführt werden. Allerdings besteht nicht immer ein direkter Zusammenhang zwischen Kinderprostitution und der Armut eines Landes. Auch in den „reichen“ europäischen Ländern gibt es Kinderprostitution – allerdings in anderen Ausmaßen, wobei sich diese ebenfalls nur schwer anhand von Zahlen belegen lassen. Über Kinderprostitution in Ländern wie Deutschland, Schweden, Frankreich etc. gibt es kaum Daten. Kinderschutzorganisationen in diesen Län-

[38] Vgl. O'Grady, Vergewaltigung, S. 164–165.

dern beschäftigen sich in der Regel mit Kinderprostitution im Ausland. Nur vereinzelt stößt man auf nähere Angaben.[39]

Die rechtliche Situation

Das grundlegende internationale Rechtsinstrument zum Schutz der Kinder ist die 1989 von der *Generalversammlung der Vereinten Nationen* verabschiedete und **1990** in Kraft **getretene *UN-Konvention über die Rechte des Kindes***. Sie ist inzwischen von fast allen UN-Mitgliedsstaaten ratifiziert worden.[40] Damit ist sie die am meisten ratifizierte Menschenrechtsverordnung, die mit mehr als 50 Artikeln den Schutz von Kinder garantieren soll.

In Zusammenhang mit der dargestellten Verbreitung von Kinderprostitution ist insbesondere **Artikel 34 der *UN-Kinderrechtskonvention*** relevant. Er besagt:

„Die Vertragsstaaten verpflichten sich, das Kind vor allen Formen kommerzieller sexueller Ausbeutung zu schützen. Zu diesem Zweck treffen die Vertragsstaaten insbesondere alle geeigneten zweiseitigen und mehrseitigen Maßnahmen, um zu verhindern, dass Kinder

[a] zur Beteiligung an rechtswidrigen sexuellen Handlungen verleitet oder gezwungen werden,

[b] für die Prostitution oder andere rechtswidrige sexuelle Praktiken ausgebeutet werden,

[c] für pornographische Darbietungen und Darstellungen ausgebeutet werden."

Die Umsetzung des Artikel 34 wird vom Kinderrechtsausschuss sowie zahlreichen NRO[41] gefördert und überwacht. Allerdings haben nicht alle Unterzeichnerstaaten die Kinderrechtskonvention vorbehaltlos anerkannt. Rund ein Drittel haben sie nur eingeschränkt ratifiziert.

---

[39] Vgl. Suchanek, Ausgebucht, S. 46: geschätzte Anzahl der Kinderprostituierten z.B.: Berlin – 3.000, Paris – 8.000.

[40] Nur Somalia und die USA ratifizierten die UN-Kinderkonvention nicht. In Somalia ließ sich die „Notwendigkeit" von z.B. Kinderarbeit aus wirtschaftlichen Gesichtspunkten heraus erklären. Somalia hat jedoch 2015 die Kinderrechtskonvention ratifiziert. Im Falle der USA stellt sich die Frage, was dieses Land zu verbergen hat. Als Gründe werden von den USA u.a. die mit der Konvention verbundene Einschränkung der elterlichen Autorität hinsichtlich Sexual- und Religionserziehung und der körperlichen Züchtigung von Kindern sowie das Verbot der in den USA möglichen lebenslangen Haftstrafe für Minderjährige genannt.

[41] Nichtregierungsorganisation(en) / NGOs.

Von einer weltweiten vollständigen Umsetzung kann also bis heute nicht gesprochen werden.

Besonders die unterschiedlichen gesetzlichen Regelungen in den einzelnen Ländern erschweren eine länderübergreifende Umsetzung. Die **Schutzaltersgrenzen** unterliegen international starken Schwankungen. Während das Schutzalter gegen kommerzielle sexuelle Ausbeutung z.B. in den USA und Kanada bei 18 Jahren liegt, reicht die Altersgrenze für den Schutz vor Kindern in Deutschland nur bis 14 Jahre (Missbrauch) bzw. 16 Jahre (Prostitution) angesetzt.[42] In vielen Ländern können Freier minderjährige Prostituierte aufsuchen, ohne sich strafbar zu machen. *UNICEF* fordert deshalb eine weltweite Anhebung und Vereinheitlichung des Schutzalters auf 18 Jahre.

Sehr große Bedeutung kommt dem **Prinzip der Exterritorialität** zu. Dieses besagt, dass Täter, die im Ausland straffällig geworden sind, nach ihrer Rückkehr in ihrem Heimatland dafür belangt werden können, auch wenn die Tat nach ausländischem Recht nicht strafbar ist. Dadurch ist eine exterritoriale Strafverfolgung und Gerichtsbarkeit möglich. Die skandinavischen Länder sind die einzigen, die schon vor der breiten öffentlichen Diskussion über die sexuelle Ausbeutung von Kindern eine exterritoriale Gerichtsbarkeit vorsahen. Ursprünglich diente sie dem Schutz der eigenen Staatsbürger, um ihnen bei Vergehen im Ausland faire Prozesse zu garantieren.

Wissen | Rechtliche Situation in Deutschland

In Deutschland trat eine entsprechende Strafgesetzänderung am 1. September 1993 in Kraft. Somit lautet der **§ 5 Abs. 8 StGB**:

„Das deutsche Strafrecht gilt, unabhängig vom Recht des Tatorts, für folgende Taten, die im Ausland begangen werden: [...] 8. Straftaten gegen die sexuelle Selbstbestimmung in den Fällen des § 174 Absatz 1, 2 und 4, der §§ 176 bis 178 und des § 182, wenn der Täter zur Zeit der Tat Deutscher ist;“

Die Formulierung „unabhängig vom Recht des Tatorts“ hebt das sonst geltende Tatortprinzip in den Fällen sexuellen Missbrauchs von Kindern auf.

[42] Vgl. § 176 und § 180 StGB.

Dem Beispiel Deutschlands folgten 1994 Frankreich und Australien, 1995 die USA, Belgien und Taiwan. Auch die asiatischen Länder verschärften ihre Gesetze zum Teil drastisch. 1992 wurde auf den **Philippinen** ein Gesetz verabschiedet, nach dem sich ein Tourist schon dann strafbar macht, „wenn er ein einheimisches Kind mit in sein Hotelzimmer nimmt."[43] Minderjährige Prostituierte werden seitdem offiziell als Opfer sexuellen Missbrauchs angesehen. Zuvor hatten sie den Status Krimineller. 1996 wurde ein Gesetzesentwurf rechtskräftig, der besagt, dass Personen, „die Kinder in die Prostitution drängen oder ein Kind unter zwölf Jahren kaufen [...] mit 30 Jahren Gefängnis oder sogar dem Tod bestraft werden". In **Thailand** sollen nach einer Gesetzesreform von 1997 Männer, „die sich sexuell mit Kindern unter 18 Jahren einlassen, ebenso bestraft werden wie Eltern, die ihre Kinder in die Prostitution verkaufen". Außerdem sollen einheimische und ausländische Täter gleich behandelt werden.

Doch eine *UNICEF*-Studie über die Anwendung der exterritorialen Gesetze zeigt, dass sich **Sextouristen, die im Ausland Kinder missbrauchen, nach wie vor relativ sicher fühlen** können. In vielen Ländern, die mittlerweile über solche Gesetze verfügen, kam es bis heute zu keiner Verhandlung (was mit Sicherheit nicht daran liegt, dass sich ihre Staatsbürger nichts zu Schulden kommen lassen!). In Deutschland kam es von 1993 bis 2001 zu rund 50 Verfahren wegen Kindesmissbrauchs im Ausland, von denen jedoch nur zehn zu einer Verurteilung führten.

So wurde im Dezember 2010 der Fall eines 65-jährigen Deutschen bekannt, der von 2005 bis 2009 in Pattaya, Thailand, Kinder und Jugendliche in mehreren Hundert Fällen missbraucht haben soll. Da er **ungeschützten Sex mit Kinderprostituierten** hatte und HIV-infiziert war, könnte er mehrere junge Menschen mit AIDS angesteckt haben. Der Mann wurde im März 2011 vom Landgericht Lüneburg zu neun Jahren Haft verurteilt. Ein kanadischer Pädophiler wurde 2008 in Bangkok zu neun Jahren Haft verurteilt; er hatte während seiner Zeit als Englischlehrer in Thailand, Vietnam, Kambodscha und Südkorea Hunderte kleine Jungen missbraucht. Da deutsche Fahnder den lange gesuchten Mann für einen Deutschen hielten und verfolgten, entschlüsselten sie ein mittels Bildbearbeitung verwirbeltes Foto des

[43] Thomson/Schmitt, Sex-Himmel.

Mannes, aus dem ein erkennbares Fahndungsfoto wurde, woraufhin der Täter in Thailand gefasst werden konnte.[44]

Viele Strafverfahren scheitern an der **unzureichenden grenzüberschreitenden Zusammenarbeit der Ermittlungsbehörden**. Die Beweisführung stellt dadurch ein großes Problem dar. Zudem sind Strafverfahren, an denen Kinder beteiligt sind, immer besonders heikel. Aus diesen Gründen fordert die *Deutsche Kampagne gegen Kinderprostitution* die Bundesregierung schon seit Jahren auf, bilaterale Rechtshilfeabkommen mit den betroffenen Ländern zu schließen. Dadurch sollen eine direktere Zusammenarbeit und kürzere Instanzenwege geschaffen werden, damit nicht wie bisher Verfahren jahrelang verschleppt werden. Opferschutz und eine qualifizierte fachliche Betreuung der Kinder müssen gewährleistet werden.

Die Rolle der Regierungen sowie deutscher Reiseveranstalter und Medien

Die dargestellte Form der Massenprostitution ist natürlich nicht nur auf die steigende Zahl der ausländischen Touristen zurückzuführen. Gleichwohl tragen sie eindeutig dazu bei, die Nachfrage und damit das Angebot an (Kinder-)Prostituierten zu steigern. Das Geschäft mit ihnen ist für die einheimischen Zuhälter wesentlich lukrativer, da sie bereit sind, mehr für ein Kind zu zahlen als einheimische Freier. In Gebieten wie Sri Lanka gäbe es ohne die Nachfrage der Touristen um ein Vielfaches weniger Prostitution.[45]

Dort, wo man heute auf breite und vehemente (verbale) Ablehnung gegenüber Kinderprostitution trifft, waren vor wenigen Jahren noch ganz andere Töne zu hören. Da **Kinderprostitution** in einigen Ländern schon seit vielen Jahren verboten ist, **galt** sie damit **lange als nicht existent**. Durch die Aufklärungsarbeit von NRO und den dadurch **wachsenden öffentlichen Druck** waren die Regierungen irgendwann gezwungen, dieses Problem anzuerkennen und sich damit offiziell auseinanderzusetzen.

Noch 1980 bat der damalige stellvertretende Premierminister Thailands die Provinzgouverneure, „die Tourismus-Anstrengungen der

---

[44] Vgl. o.V., Milde Strafe.

[45] Sri Lanka ist eines der wenigen Gebiete, in denen die Zahl der ausländischen Freier überwiegt; vgl. O'Grady, ECPAT-Kampagne, S. 43.

Regierung mit gewissen Unterhaltungsbetrieben zu unterstützen"[46], auch wenn diese Unterhaltung sexueller Art böten. Dies müsse allerdings diskret getan werden, damit die Öffentlichkeit nicht meine, sie würden dies offen unterstützen. Zwei Jahre später erklärte Pattayas damaliger Bürgermeister ganz offiziell, dass die Regierung **„Prostitution als Teil des Entwicklungsprozesses"**[47] akzeptiert. Die **Aussicht auf Devisen** war – und ist – wohl für viele Regierungen zu verlockend. Anfang der 1980er-Jahre stammte die Hälfte der Deviseneinnahmen, die Thailand aus dem Tourismus erzielte, aus Pattaya. Allerdings floss davon gut die Hälfte wieder zurück ins Ausland, um die von den Touristen erwarteten Luxusgüter zu importieren.

Als das öffentliche Interesse zu groß wurde und die Ausmaße der Kinderprostitution nicht mehr in Frage gestellt werden konnten, änderten die Regierungen zumindest nach außen hin ihr Verhalten. Sie erkannten auch, dass **Sextourismus** zwar Devisen ins Land bringt, aber auch **andere Urlauber fernhält**. Langfristig fahren sie mit „normalen" Touristen sicherlich besser, da die öffentliche Ablehnung gegenüber Kinderprostitution nicht abnehmen wird.

In besonderem Maße trugen auch die internationalen **Medien** zur Entwicklung in Asien und den anderen betroffenen Ländern bei. Sie „warben" für den Sextourismus, indem sie darüber berichteten, ohne wirklich zu informieren oder Kritik zu üben. Auch deutsche Zeitschriften und Tageszeitungen waren daran beteiligt. Auf der Reiseseite der *Süddeutschen Zeitung* konnte man 1976 lesen: „Ein wesentlicher Faktor im Angebot von Seoul ist sein Nachtleben, besser gesagt: sind seine Mädchen. Exotisch-hinreißende Wesen, wie man sie im Fernen Osten in dieser Güte kaum zu Gesicht bekommt."[48]

Gleiches gilt für deutsche **Reiseführer**. So war im Thailand-Führer von *Touropa* 1985 zu lesen: „Was Sie auch über das Nachtleben von Bangkok gehört haben: es stimmt. In der Hauptstadt warten Lohndirnen in Divisionsstärke auf den Einfall heißhungriger Fremder."[49] Das „Südostasienhandbuch" von 1979 gab folgenden Tipp: „Die Mädchen

---

[46] Launer, Sextourismus 1997, S. 14.

[47] Launer, Sextourismus 1997, S. 14.

[48] Launer, Sextourismus 1997, S. 66.

[49] Niesner, Bestandsaufnahme, S. 29, zitiert aus: Touropa-Urlaubsplaner, Thailand, exotisches Reich am Golf von Siam (München 1985); vgl. auch Lukas, Missbrauchte Kinder, S. 11–13.

sitzen alle in einem Raum und von außen durch ein kleineres oder größeres Fenster trefft ihr eure Wahl. Nr. 85 z.B.!“[50]

Als das *Zentrum für Entwicklungsbezogene Bildung (ZEB)* **1983** erstmals mit dem **Thema „Sextourismus“ an die Öffentlichkeit** ging, wiegelte die deutsche Reisebranche ab. „Der Sextourismus ist längst tot,“[51] äußerte sich ein *TUI*-Sprecher. „Der Anteil von Bumstouristen ist Peanuts,“[52] hörte man von *Neckermann*. Der *Studienkreis für Tourismus* meinte nur: „Der Prostitutionstourismus ist eine statistisch nicht relevante Größe und dadurch nicht so schlimm.“[53]

Doch auch Jahre später, als die meisten Verlage schon lange auf jegliche Tipps und Hinweise dieser Art verzichteten, gab es noch schwarze Schafe. *Mairs Geographischer Verlag* gab in seinem Südostasien **Reiseführer** noch bis 1997 Hinweise folgender Art: „Möchte man mehr von einem Mädchen als einen Drink, muss man es auslösen. Der Preis richtet sich nach Alter und Schönheit.“[54]

Deutsche **Reiseveranstalter** leisteten ihren Beitrag durch die Gestaltung ihrer **Kataloge**. Abgedruckt wurden noch in den 1980er-Jahren Fotos junger, schöner thailändischer Frauen mit eindeutig zweideutigen Kataloghinweisen. So schrieb die *TUI* in ihrem Winterkatalog 1984/85: „Hotel Palmengarten, Pattaya: Dieses ungezwungene Hotel ist besonders für unternehmungslustige Junggesellen geeignet.“ oder „Hotel Grace, Bangkok: Dieses einfache Mittelklassehotel mit seiner ungezwungenen Atmosphäre wird von unseren alleinreisenden Herren bevorzugt.“[55]

1988 appellierte *Otto Schneider*, der damalige Präsident des *Deutschen Reisebüro-Verbandes*, dass in Reisekatalogen nicht mehr offen für Sextourismus geworben werden sollte. Stattdessen sollten Hinweise auf Prostitutionserscheinungen so formuliert werden, dass sie eindeutig als Warnung zu verstehen seien. Daraufhin hieß es in vielen Veranstalterkatalogen:

- „... für Familien nicht geeignet“,

---

[50] Niesner, Bestandsaufnahme, S. 29–30.

[51] Vgl. Suchanek, Ausgebucht, S. 55–56.

[52] Vgl. Suchanek, Ausgebucht, S. 55–56.

[53] Vgl. Suchanek, Ausgebucht, S. 55–56.

[54] Suchanek, Ausgebucht, S. 56.

[55] Suchanek, Ausgebucht, S. 55, zitiert aus: TUI, Winter 1984/85.

- „Familien und alleinreisenden Damen empfehlen wir eines unserer anderen Häuser ...",

Es musste mehr zwischen den Zeilen gelesen werden:

- „... gut geeignet für legere Urlaubstage",
- „... nur wenige Minuten zum Vergnügungsviertel",
- „... von Unternehmungslustigen bevorzugtes, gutes Standardhotel ..."[56]

Die österreichische Fluggesellschaft ***Lauda Air*** sorgte **1992** für Aufsehen. Sie warb in ihrem **Bordmagazin** mit fiktiven Postkarten aus Thailand für Asien als Urlaubsziel. „Eine Karte mit dem Text „From Thailand with Love" zeigte ein vorpubertäres Mädchen von der Hüfte aufwärts nackt. [...] Auf der Rückseite der Postkarte [...] war mit den Namen Werner, Günter, Fritzel, Mortel und Joe ein Text unterschrieben, der [...] mit den Worten endete: „Got to close now. The tarts in the Bangkok Baby Club are waiting for us." [Müssen damit schließen. Die Puppen im Bangkok Baby Club warten auf uns.]"[57] Aufgrund zahlreicher Beschwerden und des wachsenden Drucks internationaler Organisationen wurde das Magazin schließlich aus dem Umlauf gezogen.

In den **Katalogen deutscher Reiseveranstalter liest man heute kaum noch Hinweise** der oben genannten Art. Es wird in der Regel nur noch auf die Entfernung zu den Unterhaltungsvierteln bzw. Unterhaltungsmöglichkeiten hingewiesen. Ob man Sätze wie: „In direkter Nähe finden sie das bekannte Unterhaltungsviertel von Pattaya."[58] oder „Nur wenige Minuten bis zum ‚Nachtbasar' mit seinen Unterhaltungsmöglichkeiten"[59] als Hinweise für Sexurlauber versteht, liegt im eigenen Ermessen. *TUI* fällt im Asienkatalog 2019 bei den Hotelbeschreibungen zu Pattaya durch eine äußerst bedachte Wortwahl auf. Vielmehr wird versucht, dieses Zielgebiet als für Familien attraktiv darzustellen. Hotels wie z.B. das *Sunshine Garden Resort*, das 2019 von der *TUI*-Marke *1-2-Fly* angeboten wird, werden aber auch heute noch von den Veranstaltern mit der „Nähe zum turbulenten Nachtleben"

---

[56] Lange, Intern, Nr. 10/92.

[57] O'Grady, Vergewaltigung, S. 63–64.

[58] Tjaereborg, Fernreisen, Winter 2000/01, S. 123.

[59] Ebenda, S. 121.

„für unternehmenslustige Gäste" beworben, allerdings ohne direkten Hinweis auf die Angebote der Sexindustrie.

Um die deutschen Reiseveranstalter mit in die Verantwortung einzubinden, entwickelte ***terre des hommes*** bereits **1991/92** das Konzept für eine sogenannte „Reiseveranstalteraktion", denn „gerade die Reisebranche verdient seit Jahren mittelbar (Großunternehmen) und unmittelbar (Spezialreiseanbieter) sehr gut an der sexuellen Ausbeutung zunächst vor allem der Frauen, seit 1986 verstärkt der Kinder als Attraktion für männliche Touristen in den Zielländern des Ferntourismus."[60] *Terre des hommes* sah besonders in drei Bereichen **Einflussmöglichkeiten für die Reiseveranstalter**. Sie sollten gewährleisten,

- „dass in den Vertragshotels das Verbot von Kinderprostitution durchgesetzt wird,
- dass sie ihre Kundinnen und Kunden über die Hintergründe und Auswirkungen von Kinderprostitution informieren und
- dass sie ihre Mitarbeiterinnen und Mitarbeiter im Hoteleinkauf und in der Reiseleitung entsprechend vorbereiten und schulen."[61]

Auf erste Anschreiben 1992 folgten kaum Reaktionen. Auch die Monate später einsetzenden Gespräche und Verhandlungen verliefen sehr zäh. Auf Vorschlag eines Reiseveranstalters entwarf *terre des hommes* in Zusammenarbeit mit einem Rechtsanwalt eine **schriftliche Vereinbarung**. Da sich keine Ergebnisse abzeichneten, wurden für 1993 Aktionen vor den Hauptniederlassungen verschiedener Reiseunternehmen geplant.

In dieser Zeit kamen die ersten Vereinbarungen zustande. ***Ikarus***-*Reisen*, ***Tjaereborg*** und ***NUR*** unterzeichneten Ende 1993. Nach erfolgreich durchgeführten Aktionen folgten wenig später ***Hetzel***-*Reisen* und die ***TUI***. Im nächsten Jahr entschlossen sich auch *Studiosus, Meier's Weltreisen, Jahn-Reisen, Transair, ITS, Agentour* und *THR-Reisen* zur Zusammenarbeit. Viele Reiseveranstalter hatten in der Folge Hinweise bezüglich Kinderprostitution in ihre Kataloge aufgenommen. Einige verteilen informierende Faltblätter oder spezielle Kofferanhänger an ihre Kunden.[62] *Studiosus* zum Beispiel informierte seine Kun-

---

[60] Dammermann, Verantwortung.

[61] Ebenda.

[62] So z.B. das von terre des hommes produzierte Faltblatt „Wir wünschen Ihnen eine gute Reise".

den in den „letzten Hinweisen“ vor der Reise über Kinderprostitution in den entsprechenden Ländern. Zudem erhielten sie das vom Studienkreis für Tourismus herausgegebene ***Sympathie-Magazin***[63] (zum Beispiel zum Thema „Thailand verstehen“).

Viele Reiseveranstalter hatten bereits mit ihren **Vertragshotels Vereinbarungen** aufgesetzt, nach denen Kinderprostitution nicht zu dulden ist. Bei Zuwiderhandlung droht den Hotels die Vertragskündigung.

Die **schwedische *ECPAT*-**Organisation hat erstmal 1998 zusammen mit den skandinavischen Reiseveranstaltern einen **Verhaltenskodex** (*Certified Code of Conduct*) entwickelt. Dieser beinhaltet ähnliche Punkte wie die von *terre des hommes* aufgesetzte Vereinbarung. 2001 hat der ***DRV*** und im Dezember 2005 hat der ***BTW*** diesen Verhaltenskodex unterzeichnet. Im Oktober diesen Jahres haben sich 44 Vertreter von internationalen Tourismusverbänden während einer Fachtagung in Bad Oeynhausen ebenfalls auf einen gemeinsamen **Verhaltenskodex gegen Kinderprostitution**[64] geeinigt. Dieser ist Teil des von der *WTO* verabschiedeten ***Global Code of Ethics***. Durch ein sog. Monitoring-Verfahren soll sichergestellt werden, dass den Beschlüssen auch Taten folgen. Eine Arbeitsgruppe – bestehend aus Vertretern von Tourismusunternehmen und -verbänden sowie von NRO – sollte unter Mitwirken eines Monitoring-Experten innerhalb der nächsten sechs Monate konkrete Ergebnisse vorlegen.

Inzwischen ist ***The Code*** (als Kurzform für *The Code of Conduct for the Protection of Children from Sexual Exploitation in Travel and Tourism*) eine eigenständige Organisation mit Sitz in Thailand zur Sensibilisierung von Tourismusmitarbeitern und Reisenden für den weltweiten Schutz von Kindern vor sexueller Ausbeutung durch den Tourismus. Die Initiative umfasst 2019 mehr als 300 Mitglieder aus der Tourismusbranche, deren jährliche Berichte bezüglich der getroffenen Maßnahmen auf der Homepage von *The Code* veröffentlich werden. Eine 2010 initiierte Initiative, die gemeinsam von *The Code, DRV, Bundeskriminalamt* und *ECPAT* gegründet wurde, realisierte 2014 die Online-Meldeplattform → *www.nicht-wegsehen.net.* Ziel dieser Maßnahme ist

---

[63] „Sympathie-Magazine“ ist eine vom Studienkreis für Tourismus und Entwicklung e.V. herausgegebene Schriftenreihe, die über verschiedene Urlaubsregionen informiert; Bestellung unter: → *www.sympathiemagazin.de.*

[64] Vgl. Junghänel, Svenja, Verhaltenskodex.

es, Reisende aktiv für das Thema Kinderschutz zu sensibilisieren, indem für Zeugen von Kindesmissbrauch leicht zugängliche Kontaktstellen geschaffen wurden (z.B. Hotelpersonal, Reiseleiter, Polizei, Report-Button im Internet).

Minninger stellte 2004 fest, dass die großen Reiseveranstalter – stärker noch als die mittelständischen Unternehmen – die **Kinderprostitution in ihren Reisekatalogen** (insbes. mit Bezug auf Thailand) **thematisieren.**[65] Für die Kataloge **2018/2019 kann der Verfasser dies hingegen kaum mehr feststellen**; so weist beispielsweise der ***DERTour***-Asien-Katalog 2018/2019 auf Seite 8 nur in einem kurzen Vermerk „Kinder brauchen unseren Schutz" auf die Kampagne *nicht wegsehen* hin, während dies auf z.B. den Thailand-Seiten nicht thematisiert wird. Auf der Internetseite weist *DER Touristik* darauf hin, dass das Unternehmen seine Mitarbeiter gemäß den Richtlinien von *The Code* schult und auch Urlauber über Kinderschutz informiert. In Bericht 2017 an *The Code* beschreibt *DER*, wie das Engagement gegen sexuellen Missbrauch von Kindern umgesetzt werden soll. In Verträgen mit Leistungsträgern und Mitarbeitern sind demnach Klauseln vorhanden, die das Beenden der Geschäftsbeziehung im Falle einer Verletzung der diesbezüglichen Regelungen ankündigen. *Thomas Cook* engagiert sich zwar gegen den sexuellen Missbrauch von Kindern (z.B. mit *ECPAT*), im Reisekatalog für Asien sowie in den Rundreisebeschreibungen auf der Internetseite wird jedoch nicht auf dieses Problem eingegangen, ebenso wenig auf *Facebook*. Dieselbe Ignoranz des Themas in den Reiseausschreibungen findet sich bei *TUI*. *Schauinsland Reisen* spricht das Thema in zwei Rubriken auf seiner Internetseite an; dabei wird auch auf die Kampagne *nicht wegsehen* aufmerksam gemacht. Im *Schauinsland*-Katalog, der Asien als Zielgebiet umfasst, wird jedoch nicht auf die Problematik hingewiesen. Bei *FTI* findet sich keine Erwähnung zum Engagement des Unternehmens zum Schutz von Kindern vor sexuellem Missbrauch; *FTI* ist auch nicht Mitglied von *The Code*. Ebenso wenig wird dieses Thema von *Alltours* in den Katalogen oder auf der Homepage angesprochen. *AIDA*, auch kein Mitglied von *The Code*, thematisiert die Kinderprostitution ebenfalls nicht.

Der *DRV*-Präsident *Norbert Fiebig* appellierte Ende 2018 auf einem Kinderschutzworkshop auf Bali: „**Kindesmissbrauch im Urlaub darf**

---

[65] Vgl. Minninger, Kinderprostitution, S. 64.

kein Tabu-Thema sein. Wir kämpfen dagegen." Im Laufe dieses Buches wird noch auf mögliche Maßnahmen, die Reiseveranstalter zur Information und Aufklärung ihrer Kunden ergreifen können, näher eingegangen.

6 Ökologische Probleme durch den Tourismus

6.1 Tourismus als „Landschaftsfresser"

Der Tourismus verursacht **Flächenverbrauch und Landschaftsversiegelung**: Die Landschaft wird zu Erholungszwecken zersiedelt; Naturlandschaft wird in Freizeitgelände gewandelt. Speziell für die Touristen genutzte und gegen die Einheimischen **abgeschirmte Infrastruktur** beschränkt die Bewohner einer Region in ihrer wirtschaftlichen und sozio-kulturellen Entfaltung. So lassen die **Privatstrände** von Hotels die Einwohner der Touristendestination außen vor, versperren ihnen sogar den für manche Branchen (wie Fischerei) lebenswichtigen Zugang zum Meer. In manchen Tourismusorten verschandeln nicht fertiggestellte Hotelanlagen als **Bauruinen** die Landschaft.

So wurden z.B. 1985 in **österreichischen Urlaubsgebieten** rein rechnerisch jede Sekunde acht Quadratmeter verbaut, was jährlich 250 Quadratkilometern entspricht.[66] An der **Ostsee** entstanden zwischen 1968 und 1973 13 Ferienstädte.[67] Am **Tegernsee** in Bayern fand in den Jahren nach 2013 eine Bauverdichtung am See durch die Errichtung von Kliniken und Hotels statt.

Zwischen 1987 und 2005 ist die bebaute Fläche an **Spaniens Küste** um 40 % angestiegen, an der spanischen Mittelmeerküste sogar um bis zu 60 %. Insgesamt war bereits 2005 ein Drittel der **spanischen Mittelmeerküste in Strandnähe zugebaut**. Zahlreiche Feuchtgebiete gingen dadurch verloren, während große Flächen entstanden, die künstlich bewässert werden müssen.[68] In vielen Orten (wie z.B. Marbella) wurde ohne Genehmigung gebaut.[69] Noch im Juli 2018 kritisierte *Greenpeace* den Zustand der spanischen Küsten, die fast vollständig zugebaut seien. Der massive Verlust an Vegetation und die Betonie-

---

[66] Vgl. BAT Freizeit-Forschungsinstitut, Umwelt und Tourismus.

[67] Vgl. Prahl/Steinecke, Millionenurlaub, S. 38.

[68] Vgl. Süddeutsche Zeitung vom 16.6.2006.

[69] Spanische Naturschützer veröffentlichten 2005 dazu eine Studie „Destrucción a toda costa", wobei „costa" sowohl Küste als auch Preis bedeuten kann. 2013 und 2018 wurde diese Untersuchung gemeinsam mit Greenpeace neu aufgelegt. Vgl. Burghardt, Peter, Zerstörung, sowie Greenpeace, A toda costa.

rung der Küstenabschnitte führe vielerorts zu **Erosion** und verringere die Fähigkeit der Landschaft zur Aufnahme von Niederschlägen. Vor dem Hintergrund des Klimawandels und zunehmender Unwetter wachse laut *Greenpeace* so die Überschwemmungsgefahr.

Auch die **türkische Riviera** zwischen Kemer, Antalya, Side und Alanya ist weitgehend zugebaut. Wo in den 1980er-Jahren noch Mandarinenbäume standen, reihen sich heute Fünf-Sterne-Ressorts aneinander. Investoren sind oft Bauunternehmen aus anderen Regionen, z.B. aus Ankara, die die Folgen für die Umwelt ebenso wenig wie die späteren Auslastungsprobleme vor Augen haben.[70] Nachdem der türkische Präsident *Recep Tayyip Erdogan* 2013 Urlaub in **Bodrum**, dem „St. Tropez der Türkei", machte und feststellte, dass die Küste fast völlig zugebaut und einem öffentlichen Zugang entzogen ist (was staatliche Auflagen eigentlich hätten verhindern sollen), schickte er Inspektoren vor Ort, um die lokalen Verantwortlichen zur Verantwortung zu ziehen.[71] Es zeigte sich, dass ca. 60 % der **Bauten illegal** errichtet wurden. Auch genehmigte Bauten werden oft illegal vergrößert: eine Terrasse mehr, ein zusätzlicher Anlegesteg oder gar ein ganzes Stockwerk obendrauf. Hotelprojekte tragen jedoch nicht selten auch die Unterschriften von türkischen Ministern, und der Staat selbst hatte immer wieder Land an Investoren aus der Hotelbranche verkauft. Gleichwohl gibt es seit 2006 bereits die Initiative *Mavi Yol* („Blauer Weg", „Blue Path Initiative") in Bodrum, die genau diese illegalen Bauten anprangert – und oft von staatlichen Stellen mit ihren Klagen abgewiesen wird. Auch die Hügel der Bodrum-Halbinsel sind mit kleinen weißen Würfelhäusern zugepflastert (die Höhenbeschränkung und Farbgebung der Häuser sind gesetzlich geregelt). Bodrum inkl. der Halbinsel zählt ca. 150.000 Einwohner und empfängt im Sommer ca. 1,5 Mio. Touristen.

---

70 Vgl. Gürtler, Riviera.

71 Vgl. Schlötzer, Bausünden.

6 | Bauruinen auf den Kanaren

Auf den **Kanaren** sind manche Orte von **Bauruinen** geprägt, weil Appartement- und Hotelanlagen nie fertiggestellt wurden. Nachdem das Betongerippe in die Landschaft gesetzt wurde, wurde der Bau aus den unterschiedlichsten Gründen – z.B. Insolvenz von Bauträgern nach Fehlspekulationen oder Wirtschaftskrisen – abgebrochen.

Auch **Montenegro** weist einige verfehlte Bauprojekte aus.[72] So sollte 2014 das Hotel *As* in Perazica Do bei Petrovac von einem russischen Investor gebaut werden. Korruption soll im Spiel gewesen sein. Eine steile, nicht fertiggestellte Serpentinenstraße führt in die enge Bucht, an der der Investor Teile der Steilküste wegsprengte, um Platz für den Hotelbau zu schaffen. Das Hotel wurde aber nicht fertiggestellt; stehen blieb eine Bauruine mit Hunderten unvollendeter Zimmernischen auf 20 Etagen. Nebenan in der Queen's Beach wollte ein arabischer Investor einen Sporthafen und Hotels bauen – aufgrund einer politischen Diskussion darüber kam es letztlich nicht dazu. Montenegro möchte seit 2008 Mitglied in der EU werden, müsste dazu aber bis 2020 mindestens 10 % seiner Küste geschützt haben.

Diese Beispiele könnten zahlreich fortgeführt werden. Es zeigt sich, dass die vermeintliche „Gelddruckmaschine" Tourismus an vielen Orten der Welt zu einem **Landschaftsfresser** wird – **ohne Rücksicht auf die damit verbundenen ökologischen und soziokulturellen Folgen**.

6.2 Tourismusinduzierte Ressourcenverbräuche und Verschmutzungen

Müllproblematiken

Die **permanente ökologische Belastung** steigt direkt durch das Verhalten der Urlauber (Abfälle, Abwasser, Abgase, Zertreten und Überfahren von Pflanzen und Tieren, Lärm, etc.).[73] Gerade manche Inseln kämpfen mit den Massen an tourismusinduziertem **Müll**.

[72] Vgl. Kramer, Strandräuber.

[73] Vgl. z.B. Ussler, Umdenken; Wölm, Tourismus, S. 234. In dem bekannten Badeort Lloret de Mar stehen beispielsweise 15.000 Einwohnern 200.000 Touristen in der Hochsaison gegenüber. Vgl. o. V., Wettrennen, S. 118. Niederer spricht in diesem Zusammenhang von einem Teufelskreis der Überfüllung, gemäß dem die Flucht aus der Masse paradoxerweise wieder in die Masse hineinführt – verbunden mit vielen ökologischen Problemen. Vgl. Niederer, Erlernbare Kunst, S. 133.

So können einige Inseln in **Thailand** den **Müll** kaum mehr bewältigen. Auf **Koh Samui** oder der bei Tauchern beliebten Insel **Koh Tao** wachsen die Müllberge. Eine geplante Müllverbrennungsanlage ist nicht in Betrieb.[74]

Die niederländische autonome Antilleninsel **Aruba** ist in der Karibikregion ein Vorreiter in Umweltschutzfragen. Bereits 2017 hat die Inselregierung **Einwegplastiktüten verboten**. 2019 wurde das Verbot ausgeweitet, und bis 2020 will Aruba alle Einwegkunststoffe von der Insel verbannen. Um die Korallenriffe zu schützen, sollen auch **keine Sonnencremes** mit dem Bleichmittel Oxybenzon mehr benutzt werden dürfen. Außerdem will Aruba bis 2020 **frei von fossilen Brennstoffen** sein; erste „Carbon-Neutral"-Hotels wie das *Bucuti & Tara Beach Resort* existieren bereits.[75]

Selbst heute noch werden viele **Abwässer** ungeklärt in die Meere eingeleitet. Ein besonderes Problem, dass seit etwa 2010 und besonders verstärkt seit 2018 in das Bewusstsein rückt, ist die Belastung der Meere und damit der Nahrungskette für Tiere und auch für den Menschen durch das sog. **Mikroplastik**.

Unter **Mikroplastik** versteht man sehr kleine Kunststoffteilchen, die einerseits durch das Zersetzen von (nicht gesammeltem und nicht verwertetem) Plastikmüll (insbesondere in den Meeren) entsteht, andererseits aber auch bereits in Konsumprodukten (z.B. Kosmetika) eingearbeitet ist und so in den Abfallkreislauf gelangt. Auch der Abrieb von Kunststoffpartikeln aus synthetischer Kleidung beim Waschen, von Autoreifen beim Fahren etc. führt zu Mikroplastik, das über die Abwasserkanäle oder Winde bis **in die Meere gelangt**. So stammt der überwiegende Teil des in den Ozeanen vorhandenen Mikroplastiks aus Kunststoffen, die an Land Verwendung fanden. Über die **Nahrungskette** (Fische, Nutztiere etc.) gelangt das Mikroplastik auch in den menschlichen Verdauungstrakt, wie erstmal in einer Studie im Oktober 2018 nachgewiesen wurde. Ob und in welchem Umfang sich daraus gesundheitliche Folgen für den Menschen ergeben, ist zum Redaktionszeitpunkt dieses Buches noch nicht belegt. Die **EU** hat im

[74] Vgl. Gruber, Müll.

[75] „We're proud to be the first CarbonNeutral® resort hotel in North America, to have initiated the first Green Globe 21 certification of hotels in Aruba in 2000, and we are the first resort in the Americas to be certified ISO 14001." (→ *www.bucuti.com/eco-friendly*, Stand 1/2019).

Oktober und Dezember 2018 beschlossen, bestimmte **Wegwerfprodukte aus Plastik** (wie Plastiktrinkhalme, Wattestäbchen, Einmalbesteck, Haltestäbe für Luftballons, Cocktailrührstäbe etc.) ab 2021 zu **verbieten**. Für andere Produkte wie z.B. Plastikgetränkeflaschen oder Einwegbecher soll der Recyclinganteil deutlich erhöht werden.

7 | Luftballonflüge — lustiger Spaß für Kinder oder unverantwortliche Umweltverschmutzung?

Kunststoffe (Polymer, Polyethylen, auch Kautschuk/Gummi) werden in zahlreichen Lebensbereichen genutzt: Plastiktüten zum Einkauf, zum Müllsammeln, für den Gefrierschrank oder fürs Butterbrot, Frischhaltefolie, Aufbewahrungsdosen, Einwegverpackungen und Umverpackungen für Obst und Gemüse[76], sogar die beliebten Kinderüberraschungsspielzeuge, „Wasserbombenballons" und gasgefüll-

[76] Interessanterweise sind in Supermärkten besonders häufig Bio-Obst und Bio-Gemüse in Plastikfolie eingeschweißt (womit Bio mehr Plastikabfall verursacht als Nicht-Bio-Produkte) - dies vermutlich v.a. zur Verhinderung von Täuschungs- und Diebstahlsversuchen durch Kunden, die ansonsten die teureren Bio-Produkte als „Normalware" an die Kasse bringen könnten. Außerdem verhindert der Plastikschutz - so gerne die offizielle Begründung - eine Kontamination durch Produkte aus dem konventionellen Bereich.

ten Luftballons bei Kindergeburtstagen, die von der Nordseeküste aus aufs offene Meer fliegen und dort die Fische bedrohen können, **schädigen bei nicht sachgerechter Entsorgung die Umwelt**. Sicherlich tragen auch **Touristen** dazu bei, dass **Plastikmüll** und damit letztlich Mikroplastik vermehrt wird. **Einwegverpackungen** am Frühstückstisch in Hotels, Minifläschchen für Shampoo und Bodylotion im Badezimmer, der Plastikbeutel beim Souvenireinkauf, die in Plastik verpackten Badelatschen des Hotels, Plastikwasserflaschen für unterwegs etc. sind ohne Zweifel eine Ursache des Problems. Selbst der ***DRV*** hat auf seiner – als möglichst nachhaltig charakterisierten – **Jahrestagung** 2018 in Kalabrien, Italien, massenweise **Einwegplastikflaschen** an die Tagungsteilnehmer verteilt, obwohl zuvor jeder Teilnehmer eine wiederbefüllbare (und zudem sehr ansehnliche) Wassernachfüllflasche erhalten hatte, die jedoch während der Tagung mangels Wasserspendern nicht befüllt werden konnte.

Wissen | Plastik, Jute, Baumwolle

Schon 1978 warb die fair trade-Organisation GEPA mit dem Slogan „Jute statt Plastik“ für mehr Nachhaltigkeit beim Einkauf. Die echte Jute-Tasche zeichnete sich durch grobe, kratzige Fasern aus, während heute vornehmlich schickere Baumwollbeutel Verbreitung finden. Untersuchungen zeigen jedoch, dass man einen Baumwollbeutel (mit Aufdruck) viele Male (manche errechnen 25, andere 40, das britische Umweltministerium sogar 131-mal) benutzen muss, bevor dieser in der Ökobilanz eine Plastiktüte übertrifft. Die Müll- und Mikroplastikproblematik ist dabei jedoch nicht berücksichtigt. Hinzu kommt, dass viele deutsche Haushalte mittlerweile im Besitz von unnötig vielen Stoffbeuteln sind, da man diese bei vielen Gelegenheiten als Werbeartikel erhält.

Der ***DRV*** *(Deutscher Reiseverband e.V.* und *DRV Service GmbH)* schrieb zu diesem Thema in seiner Broschüre „Entdecken Sie das pure Italien“ zur **Jahrestagung 2018** auf Seite 26: „Täglich werden in aller Welt, auch bei uns in Deutschland und in Italien, viele hundert Millionen Plastikflaschen genutzt. Diese nutzen wir einmal, bevor sie in den Müll wandern. Setzen Sie ein Zeichen gegen den Plastikmüll, der unsere Meere und Strände verschmutzt und der Umwelt schadet. Nehmen Sie eine wiederbefüllbare Flasche mit – viele Hotels, Restaurants und Geschäfte haben mittlerweile Wasserstationen zum Nachfüllen eingerichtet. Auch im Kongresszentrum haben wir in diesem Jahr einen Schwerpunkt auf Nachhaltigkeit gelegt." Die angekündigten Wassernachfüllstationen fand man dann erst auf der Jahrestagung 2019 auf einem Kreuzfahrtschiff in Hamburg.

Einen weitaus größeren Anteil am **weltweit vagabundierenden Plastikmüll** als die Touristen dürften jedoch die **Einwohner** derjenigen Länder haben, in denen Umweltschutz und Mülltrennung keinen so hohen Stellenwert haben, wie ihn die meisten deutschen (europäischen?) Touristen gewohnt sind und ihn auch im Urlaub leben (wollen).

Joachim Caspary, Geschäftsführer von ***Maya-Travels***, berichtet aus seinen eigenen Erfahrungen dazu: „Kürzlich habe ich an einer Inforeise für Touristiker nach Vietnam und Laos teilgenommen. Mit Entsetzen habe ich auf der Bootsfahrt auf dem Mekong die **Unmengen an aus China herangeschwemmtem Plastikmüll** wahrgenommen, welche in den Bäumen am Flussufer hing."[77]

8 | Plastikmüll in Hurghada, Ägypten, wenige Meter vom Touristenzentrum und dem Meer entfernt

[77] Informationen vom 15.11.2018 vom Geschäftsführer von Maya-Travels, Herrn Joachim Caspary, dem an dieser Stelle hierfür herzlich gedankt sei.

9 | Tonnen zur Mülltrennung für die Touristen – und gleich daneben Plastikmüll inmitten der Natur (Pentedattilo, Kalabrien, Italien, 2018)

Auf modernen **Kreuzfahrtschiffen** entsteht sehr **viel Müll**, auch aus Essensresten und nicht verbrauchten Speisen. Pro Person und Tag fallen auf einem Schiff z.B. von *AIDA* ca. vier Kilogramm Abfall an. Groß ist insbesondere die **Lebensmittelverschwendung**, da auch der letzte Gast noch ein gut befülltes Buffet vorfinden soll.[78] Der anfallende Müll wird an Bord getrennt. Glas, Papier, Plastik und Dosen werden sortiert, gepresst und getrocknet. Wertstoffe, gefährliche Abfälle und Klärschlämme werden später an Land abgegeben. Flüssigkeiten werden aus z.B. Essensresten herausgepresst, gereinigt und **ins Meer geleitet**. Dies ist ab zwölf Meilen außerhalb einer Küste erlaubt.[79] Die Reste werden erhitzt und in einem sog. Pulper zerkleinert, das meiste wird verbrannt. Die Aufbereitung des Mülls soll die Umwelt schonen, und sie spart Geld, denn alles, was an Bord entsorgt wird, muss nicht in den Häfen an Fremdfirmen zur Entsorgung übergeben werden. Verantwortlich für dieses „Müllmanagement“ (sowie für die Abgassysteme) ist auf vielen Schiffen ein sog. **Umweltoffizier**.

Die **Deutschen sind es gewohnt, zu Hause ihren Abfall in x verschiedene Sorten zu trennen**;[80] vieles spricht dafür, dass sie dieses Verhalten nicht ohne Not im Urlaub ändern und plötzlich zu „touristischen Umweltschweinen“ werden. Ausgelassene Touristenhorden in Partyhochburgen, die ihre leeren Bierdosen achtlos auf die Straße werfen, bilden sicherlich die Ausnahme. Möglicherweise sind auch Urlauber aus anderen Quellmärkten weniger umweltsensibel und insbesondere weniger „müllaffin“. Gleichwohl: Auch der deutsche **Urlauber schmutzt, solange er reist** – und das ist menschlich. Er würde aber auch schmutzen, wenn er zu Hause bliebe. Der Mensch schmutzt sogar, solange er lebt, und selbst nach seinem Ableben muss er noch auf speziellen Flächen „entsorgt“ werden.

---

[78] Durch eine durchgehende Öffnung von Restaurants kann man dieses Problem reduzieren; Lebensmittelverschwendung gibt es auch in den Crew-Kantinen. Vgl. dazu auch Hoben, Kreuzfahrt.

[79] Regelungen laut MARPOL-Abkommen, Anlagen IV und V.

[80] Getrennte Sammelbehälter für Wertstoff/Gelber Sack, Altpapier, Altglas, Bio-Müll, Batterien, Restmüll, Sperrmüll, Sondermüll/Elektroschrott/Altöl/ Schadstoffe/Medikamente sind – je nach Region/Ort in Deutschland, heute üblich. Bis 2008 war das 1991 implementierte Unternehmen Duales System Deutschland (DSD) als Herausgeber des sog. Grünen Punkts dafür zuständig, die Entsorgung von Plastikmüll zu organisieren. Aus wettbewerbsrechtlichen Gründen fiel 2008 das Monopol; seitdem gibt es konkurrierende Wertstoffsammelunternehmen. Gleichwohl nutzen viele Produzenten auf ihren Verpackungen auch heute noch den (lizenzgebührpflichtigen) Grünen Punkt. 2019 trat ein neues Verpackungsgesetz in Kraft, dass eine höhere Recyclingquote insbes. von Kunststoffen vorsieht.

Wasserverbrauch und Abwasser

Touristen verbrauchen ungleich mehr Energie und Wasser als Einheimische. Wasserknappheit in trockenen Regionen ist oft die Folge. Dies liegt weniger daran, dass Touristen mehr duschen oder ihre Zähne putzen als Einheimische, sondern vor allem an dem für die Unterhaltung der touristischen Infrastruktur erforderlichen Wassermengen: **Swimming-Pools** müssen gut befüllt und **Golfplätze** dank Bewässerung grün gehalten werden. Jeder Golfplatz benötigt in trockenen Regionen pro Tag so viel Wasser wie ein Ort mit mehreren Tausend Einwohnern. So verbraucht ein Gast – auf den durchschnittlichen Pro-Kopf-Verbrauch umgerechnet – auf Mallorca mit ca. 280 Litern pro Tag doppelt so viel Wasser wie ein Einheimischer. Den Einheimischen werden dann oft Wassersparmaßnahmen (bis hin zu Abschaltungen der Wasserversorgung) auferlegt, damit die Touristen in den Urlaubsorten an der Küste den Strandsand abduschen, im Pool planschen oder auf sattem Grün golfen können.

So melden Mallorca, die Kanaren oder auch Bali immer wieder Wasserknappheit. Die Wasserstaubecken auf **Teneriffa** waren 2011/12 aufgrund der geringen Niederschlagsmenge und des hohen Wasserverbrauchs im Sommer nur zu einem Viertel gefüllt, wobei sie zur Winterzeit im Normalfall einen Wasserstand von mindestens drei Viertel oder mehr aufweisen müssen. Die 21 Wasserbecken auf Teneriffa haben ein Fassungsvermögen von ca. fünf Mio. Kubikmetern; bis Februar 2012 hatten sich darin jedoch nur ca. 1,2 Mio. Kubikmeter Wasser gesammelt. Gleichzeitig muss Teneriffa mit bis zu 60 Mio. Liter Abwasser pro Tag fertig werden, die teilweise ungeklärt ins Meer geleitet werden.[81] Der Tourismus, der einen hohen Anteil an Müll, Wasserverbrauch und Abwässern hat, erwirtschaftet auf Teneriffa aber ca. 35 % des Bruttoinlandsprodukts und sorgt für ca. 40 % aller Arbeitsplätze, benötigt flächenmäßig jedoch nur einen kleinen Teil der Insel. Die kleineren kanarischen Inseln **El Hierro** und **La Gomera**, die von Deutschland aus nicht direkt angeflogen werden, verzeichnen hingegen weniger Probleme. Insbesondere El Hierro setzt auf Nachhaltigkeit, indem z.B. ein Großteil des Stroms dort aus Wind- und Wasserkraft erzeugt wird.

Bereits in den 1990er-Jahren litt **Mallorca** unter großem Wassermangel. Die beiden wichtigen **Stauseen** *Cúber* und *Gorg Blau* hatten be-

[81] Vgl. Arnold, Kanaren.

reits damals nicht mehr genug Wasser, um die Insel zu versorgen. 1995 wurde daher mit großen Tankschiffen Trinkwasser vom spanischen Festland aus importiert. Der Bau von **Meerwasserentsalzungsanlagen** sollte das Problem entschärfen. Doch im Juli 2016 warnte **Mallorca** erneut aufgrund der monatelangen Trockenheit vor einem Wassernotstand; erste Wassersparmaßnahmen wurden eingeleitet. 2018 hingegen litt Mallorca aufgrund starker Niederschläge nicht unter Wassermangel; aus den beiden Stauseen musste sogar Wasser abgelassen werden. Auch im April 2019 waren die Stauseen nach eigener Anschauung des Verfassers gut gefüllt.

Die indonesische Insel **Bali** lebt zu 50 % von Tourismuseinnahmen; mehr als 480.000 Menschen arbeiten in der Branche. Doch die Wasserversorgung dort ist eines der kritischsten Probleme, zumal die natürliche Wasserversorgung jahrzehntelang übernutzt wurde. Der **Tourismus absorbiert bis zu 65 % des täglichen Wasserbedarfs** der Insel, was zu Lasten der Landwirtschaft geht. Andererseits: Würde der Tourismus auf Bali dauerhaft reduziert, so würden Zehntausende Menschen ihre Arbeitsstelle verlieren und müssten z.B. in die **Landwirtschaft** wechseln, wo sie u.a. durch **Urwaldrodungen und Palmölanbau** für **weitaus höhere Umweltbelastungen** sorgen würden.

Auch die thailändische Urlaubsinsel **Ko Phi Phi Don** bei **Krabi** leidet immer wieder unter Trinkwassermangel. Im Dezember 2018 bat die Inselverwaltung um staatliche Hilfe bei der Versorgung mit sauberem Trinkwasser. Ursachen für den Wassermangel sind steigende Bevölkerungszahlen, der Touristenansturm und nicht ausreichende Wasserspeicher bei gleichzeitiger Verschmutzung der Insel und damit des Grundwassers.

Die Tourismusbranche entgegnet dem Vorwurf des hohen Wasserverbrauchs u.a. damit, dass die **Landwirtschaft einen weitaus höheren Wasserverbrauch** hat (auf Mallorca ca. 70 %), hingegen aber nur wenig zur Wertschöpfung und Arbeitsplatzsicherung vor Ort beiträgt (auf Mallorca ca. 2 % der Wirtschaftsleistung; während der Tourismus dort ca. 20 % des Wassers verbraucht, aber 80 % der Wertschöpfung bewirkt).

Auf einem **Kreuzfahrtschiff** fallen pro Passagier und Tag bis zu 200 Liter **Abwasser** an; etwa ebenso hoch ist der Wasserverbrauch/ -bedarf pro Person und Tag. Dieses stammt natürlich nicht nur aus den Waschbecken, Duschen und WCs der Kabinen, sondern auch aus den allgemeinen Räumen, den Pools und den damit verbundenen Reinigungen (z.B. Spülvorgänge). Kreuzfahrtschiffen ist es gestattet, bestimmte **Abwasser ungeklärt auf hoher See** zu entsorgen.

Wissen | Grau- und Schwarzwasser

Laut MARPOL-Abkommen dürfen sog. Grauwasser (aus Küchen, Duschen und Wäschereien) unbehandelt sowie Schwarzwasser (z.B. aus Toiletten) behandelt mit mindestens zwölf Seemeilen Abstand zum Land und bei einer bestimmten Fahrtmindestgeschwindigkeit in das Meer eingeleitet werden. Da Grau- und Schwarzwasser organische Substanzen enthalten, können sie einen Einfluss auf das Algenwachstum und somit die Eutrophierung haben. Die dritte Abwasserkategorie, ölhaltiges Bilgewasser (Reinigungswasser, mit Ölresten und Chemikalien), darf lediglich nach einer speziellen Behandlung (Ölfilteranlagen) eingeleitet werden.

Für den Ostseeraum tritt 2021 das strengere *HELCOM-Abkommen* in Kraft, auf das sich die Ostsee-Anrainerstaaten verständigt haben. Dann müssen Kreuzfahrtschiffe ihr Abwasser entweder auf dem Schiff klären oder dieses an Land entsorgen. Neuere Schiffe verfügen i.d.R. über **eigene Kläranlagen** mit geschlossenen Kreisläufen, an deren Ende gereinigtes Wasser sowie – als Rest – **komprimierter Klärschlamm** herauskommt. Das gereinigte Abwasser der Schiffe wird auf See verklappt. In Warnemünde und Kiel beispielsweise gibt es **Abwasserentsorgungsanlagen** für Kreuzfahrtschiffe. In Kiel weihte der Hafen im Sommer 2017 eine 1,8 Millionen teure Aufbereitungsanlage ein, die die Abwässer vorbehandelt.[82] Dabei werden Luft und Ozon eingeblasen, um einen chemischen Prozess einzuleiten. Wenn dieser Prozess abgeschlossen ist, kann das Abwasser in die Kieler Kanalisation fließen. Am Hafen selbst ist die Anlage mit bloßem Auge nicht zu sehen – kein Geruch, keine Sickergrube, noch nicht einmal ein Gullydeckel. Die Rohre mit einem Durchmesser von 1,20 Meter schlängeln sich unter der Erde entlang. 300 Kubikmeter Flüssigkeit können pro Stunde aufgenommen werden – die Anlage ist nach Aussage der Hafenverwaltung die modernste ihrer Art in Europa. Kreuz-

82 Vgl. Przybilla, Abwasserentsorgung.

fahrtanbieter wie *TUI Cruises* oder *AIDA* nutzen diese Möglichkeit. Andere (Ostsee-)Häfen haben noch Nachholbedarf, was die Entsorgung von Schiffsabwasser angeht. Was mit Abwässern und auch Müll in anderen – teilweise weniger gut kontrollierten ausländischen – Häfen geschieht, ist jedoch nicht immer nachvollziehbar. Nicht selten landen Abfall und Abwässer auf wilden Deponien, in Flusstälern oder direkt im Meer.[83]

Ein weiteres Problem kann das sog. **Ballastwasser** darstellen, das dazu genutzt wird, die Kreuzfahrtschiffe zu stabilisieren. Dieses wird an bestimmten Orten bzw. zu bestimmten Situationen im Schiff aufgenommen und an anderen Orten wieder abgelassen. Dies kann zu einer **Bioinvasion** führen, da kleine Organismen im Ballastwasser über große Entfernungen von ihrer angestammten Region in eine andere verfrachtet werden und dort die heimischen Arten bedrohen können. Die sog. *Ballastwasser-Konvention* der *IMO*[84] sieht daher Regeln zur Verringerung dieses Risikos vor.

Skitourismus

Als letztes Beispiel für die Problematik des Ressourcenverbrauchs durch den Tourismus sei die Frage der Auswirkungen von sog. **Kunstschnee** thematisiert. Im gesamten Alpenraum lassen Hunderte Beschneiungsanlagen Schnee rieseln.[85] Sollen Skireiseveranstalter Skigebiete mit **Schneekanonen** meiden? Sollen die Skiorte auf solche Beschneiungsanlagen verzichten? Argumentiert wird mit dem **hohen Wasser- und Energieverbrauch** dieser Anlagen, wobei gerade der Strom in jener Zeit benötigt wird, zu der ohnehin die Spitzen des

---

83 Vgl. Brunner, Umweltschutz Kreuzfahrt.

84 Die IMO (International Maritime Organization) ist eine 1948 gegründete Sonderorganisation der Vereinten Nationen zum Schutz (inkl. Umweltschutz) und zur Sicherheit in der Schifffahrt. Interessanterweise finanziert sich die Organisation durch Zahlungen der Teilnahmeländer proportional zu deren Schiffsregistrierungen. So können Länder wie Panama, die Bahamas oder Liberia strengere Regeln hinsichtlich Arbeitnehmer- und Umweltschutz auf Seeschiffen verhindern.

85 Vgl. Wandl, Schneekanonen. Zum Skitourismus siehe auch Bieger/Beritelli/ Laesser, alpiner Tourismus.

Energiebedarfs liegen, nämlich an kalten Winterabenden.[86] Dem entgegnen die Befürworter, dass z.B. das Wasser dem Kreislauf ja wieder bei der Schneeschmelze zugeführt wird. Behaupten die Gegner, die Beschneiungsanlagen würden mit Stickstoff-Düngemitteln oder Kältebakterien arbeiten, betonen die Befürworter, dass zumindest in Deutschland das Wasserschutzgesetz das Hinzufügen fremder Stoffe beim technischen Erzeugen von Schnee verbietet, insofern der „Kunst"-Schnee rein natürlich **nur aus Wasser und kalter Luft** bestehe.[87] Das Wasser aus Oberflächengewässern und der Trinkwasserversorgung habe jedoch eine andere chemische Zusammensetzung als Regenwasser, kontern daraufhin Gegner. Kunstschnee sei **kompakter** als Naturschnee und schädige (ersticke) somit die darunter liegende Vegetation. Wer hat nun Recht? In Europa gibt es ca. 40 Mio. aktive Skifahrer, in Deutschland sind es ca. sieben Millionen. Tausende Arbeitsplätze hängen von dieser Wintersportindustrie ab; gerade auch Menschen ohne höhere Ausbildung können an den Liftanlagen tätig werden. Soll darauf verzichtet werden?

Sicherlich ist es nicht vertretbar, ganze Pisten oder gar Skigebiete künstlich zu beschneien; dies insbesondere, wenn dadurch unbedingt die Skisaison schon im Oktober bei noch hohen Außentemperaturen gestartet werden soll oder wenn damit dauerhaft versucht wird, dem Klimawandel, der eine **höhere Schneefallgrenze** bewirkt, entgegenzutreten. Aber heute produzieren fast alle europäischen Skigebiete auch/zeitweise Kunstschnee, den sie mit Wasser aus großen Speicherseen herstellen. Und erscheint es nicht sinnvoll, gerade an den immer wieder von Skianfängern „abgerutschten" Pistenengpässen für eine ausreichende Schneedecke zu sorgen? Maschinell erzeugter Schnee kann die Vegetation **punktuell vor mechanischen Schäden schützen**. Oder sollte man den Forderungen nachgeben, eine fünf Kilometer lange Piste ganz zu sperren, wenn mittendrin einmal zehn Meter Schneemangel herrschen? Und selbst wenn: Welcher Skifahrer würde diese Absperrung beachten? Welche Auswirkung hätte es, wenn ein einzelner Veranstalter oder ein einzelner Skiort Verzicht üben würde?

---

86 Je nach Anlage schwankt der Energieverbrauch zwischen 2.000 und 27.000 Kilowatt je Stunde in einer Saison. Ein Einfamilienhaus verbraucht im Vergleich dazu im ganzen Jahr 2.000 bis 6.000 Kilowattstunden. Der Wasserverbrauch beträgt zwischen 2.000 und 6.000 Kubikmeter Wasser pro Hektar und Winter; der Einfamilienhaushalt verbraucht zwischen 100 und 500 Kubikmeter pro Jahr. Vgl. Wandl, Schneekanonen.

87 Vgl. Hirt, Wintermärchen.

Wissen | **Snowfarming**

Manche Skigebiete setzen, wenn die Temperaturen noch zu warm für den Einsatz von Schneekanonen sind, auch auf „Schnee von gestern“, indem sie in Depots gelagerten Schnee aus dem vorherigen Frühjahr nutzen und verteilen („Snowfarming“) – so z.B. in Kitzbühel im Oktober 2018 bei mehr als 20 Grad Außentemperatur.

9 | Schneekanonen – das „Waffenarsenal“ der Wintersportindustrie wartet auf seinen Einsatz – der jedoch bei so viel Schnee wie hier nicht erforderlich ist

Im Übrigen entfällt ein Großteil der **Umweltbelastung** bei einem Winterurlaub auf den CO_2-Ausstoß bei der **Anreise**, die – sieht man von einigen veranstalterorganisierten Bus-Skireisen und ganz wenigen Bahnreisenden ab – meist mit dem privaten Pkw erfolgt. Die individuelle Ökobilanz des Skiurlaubers wird somit auch von der Anreiseart, der **Reisedauer** (auf die sich die Anreisebelastung verteilt und somit im Vergleich zum Urlaubsnutzen relativiert), der **Skireisehäufigkeit** und der **Auswahl des Skiortes** beeinflusst.

Manche Skiliftbetreiber, wie z.B. im kleinen autofreien Skiort **Pfelders** im Passeiertal/Südtirol, nutzen Strom aus regenerativen Energiequellen. Der Allgäuer Kurort **Bad Hindelang** positionierte sich in den 1990er-Jahren als Ökotourismus-Ort; mittlerweile wurden jedoch die Bergbahnen ausgebaut und der Gesundheitstourismus verstärkt, um ein breiteres Publikum anzusprechen.

6.3 Tourismusinduzierte Energieverbräuche und Emissionen

Tourismus belastet die Umwelt durch den **Verbrauch** von Rohstoffen (insbesondere fossilen Energieträgern) und durch **Emissionen**, dies während des Ferienaufenthalts im Zielgebiet, insbesondere aber aufgrund der Beförderung der Urlaubsgäste bei den **Hin- und Rückreise** zur Feriendestination. Pkw-Anreisen, Flugverkehre und auch Kreuzfahrtschiffe verbrauchen fossile Kraftstoffe und verursachen Emissionen. Die beiden Aspekte Flug- und Kreuzfahrtschiffsverkehr werden im Folgenden exemplarisch vertieft.

Ökologische Belastungen durch Flugverkehrsemissionen

Es gibt unterschiedliche Schätzungen über den Einfluss des **Flugverkehrs** auf das Klima und seinen Anteil an den globalen CO_2-Emissionen; letzterer wird oft auf ca. 3 % bis 5 % geschätzt. Man kann davon ausgehen, dass der weltweite Luftverkehr zu ca. 5 % zur globalen Erwärmung beiträgt. Da **Flugzeuge** insbes. Kohlenstoffdioxid (CO_2), Stickoxide (NO_x) und Wasserdampf in großer Höhe ausstoßen, ist die negative Klimawirkung besonders stark. Die Atmosphäre unserer Erde ist in verschiedene Schichten unterteilt, die unterschiedlich stark durch Schadstoffe aus unterschiedlichen Quellen belastet werden können. Während die bodennahe Luftschicht (Troposphäre) durch die schädlichen Abgase von insbesondere Kraftfahrzeugen mit Verbrennungsmotor belastet werden, sind es in der sog. **Stratosphäre** (in ca. 8 bis 50 Kilometern Höhe, je nach Region auf der Erde) **Flugzeuge**, die **Schadstoffe** in dieser großen Höhe freisetzen und die Atmosphäre schädigen. Diese Schäden tragen vor allem zur Erderwärmung bei. Wie kompliziert die Zusammenhänge und wie schwierig die Bewertung ist, wird bei näherer Betrachtung der auch technischen Aspekte deutlich.

Zunächst einige Fakten zur Bedeutung der **Flugzeugtriebwerkstechnologie** für die Umweltbelastung des Flugverkehrs:[88] Als Düsentreibstoff wird wegen seines hohen Brennwertes **Kerosin** eingesetzt, dies etwa seit den 50er-Jahren des 20. Jahrhunderts.

[88] Vgl. zu den folgenden Ausführungen ausführlich: Bührke, Triebwerke.

Wissen | **Kerosin**

Kerosin hat mit 150 bis 180 Grad Celsius einen höheren Siedepunkt als Benzin und einen niedrigeren als Diesel. Es wird in der Raffinerie aus Rohöl auf dem Produktionsweg zu Diesel gewonnen und ist kostengünstiger als Benzin oder Diesel.

Durch das Beifügen von sog. Additiven bleibt das Kerosin auch bei sehr niedrigen Temperaturen (in großen Höhen) flüssig und verbrennt rückstandsfrei. Im Gegensatz zu anderen Kraftstoffen gibt es in Deutschland und vielen anderen Ländern keine spezielle Besteuerung für Kerosin. „Biosprit" aus nachwachsenden Rohstoffen wäre eine nachhaltigere Alternative, doch würde eine hohe Produktion desselben zu anderen Problemen (z.B. Konkurrenz zur Nutzung als Lebensmittel) führen, die hier nicht weiter vertieft werden können.

Bei der Verbrennung von Kerosin wird u.a. Kohlendioxid (CO_2) freigesetzt. Ein „normaler" Passagierjet (z.B. Boing 747) verbraucht **2.000 bis 15.000 Liter Kerosin pro Stunde**, womit das Flugzeug rund 900 km weit fliegt. Ein Airbus A380 verbraucht auf seinem ca. 6.000 km langen Flug zwischen Frankfurt und New York ca. 115.000 Liter Kerosin – für ca. 500 Passagiere. Das ist *absolut* viel. Pro 100 Passagierkilometer ist der Verbrauch durch gängige Flugzeugtypen aber von ca. sieben Litern in den 1960er-Jahren auf heute ca. **zwei bis vier Liter pro 100 Passagierkilometer** (je nach Typ, Gesamtstrecke, Größe und Auslastung) gesunken. Möglich wurde dies durch technische Verbesserungen wie **effizientere Triebwerke**, **leichtere Materialien** oder die Nutzung sog. **Winglets**.

Wissen | **Winglets**

Winglets oder Sharklets (bei Airbus in Anspielung auf Haiflossen) nennt man die hochgebogenen Flügelenden bei Flugzeugtragflächen.

Durch diese lassen sich im Vergleich zu gerade auslaufenden Tragflächen drei bis 7 % Treibstoff einsparen, da sie den Luftwiderstand reduzieren, der durch Luftwirbel an den Flügelenden entsteht. Gleichzeitig steigern sie den Auftrieb. Derartige Flügel gab es schon früher, seit den 1990er-Jahren auch bei größeren Passagierflugzeugen, wo sie vermehrt seit etwa 2010 eingebaut werden; auch ältere Flugzeuge können umgerüstet werden (ohne die zulässige maximale Spannweite eines Flugzeugtyps zu überschreiten).

Moderne und vollbesetzte Großraumflugzeuge verbrauchen heute auf längeren Flugstrecken, durch die sich der hohe Verbrauch beim Start relativiert, nur knapp **vier Liter Kerosin pro Passagier** und 100 Flugkilometern. Das ist ***relativ* wenig**.

Auch die **Art des Fliegens**, z.B. die Streckenführung ohne (luftraumbedingte) Umwege, die Höhe des Fluges (die Temperatur der Luftschichten beeinflusst die Bildung von Kondensstreifen), Warteschleifen vor der Landung, die Art des **Landeanflugs** oder kürzere Rollwege auf dem Flughafen haben einen Einfluss auf den Energieverbrauch und die Emissionen.[89] ***CDO*** *(Continuous Descent Operations*; bis 2011 *CDA = Continous Descent Approach* genannt) ist ein spezielles Landeanflugverfahren mit einem **kontinuierlichen Sinkflug**. Dabei sinkt der Flieger idealerweise im Leerlauf mit minimaler Triebwerksleistung und vermeidet weitgehend Horizontalflugphasen. Dadurch wird Treibstoff gespart, der Ausstoß von Kohlendioxid verringert und Lärm über bewohnten Gebieten reduziert. Beim *CDO*-Verfahren verliert der Flieger rund 90 Meter Höhe auf 1,85 Kilometern Länge. Für die Fluglotsen ist *CDO* aufwändiger durchzuführen als ein normaler Anflug. Denn im kontinuierlichen Sinkflug müssen die Geschwindigkeiten geflogen werden, die für den jeweiligen Flugzeugtyp im „Gleitflug“ (d.h. Triebwerke arbeiten im Leerlauf) gelten. Daraus ergibt sich eine für den jeweiligen Flugzeugtyp spezifische Sinkrate. Auch ungünstige Wetterbedingungen wie extreme Winde können *CDO* behindern.

---

[89] Siehe im Detail die diesbezüglichen Informationen z.B. der Deutschen Flugsicherung GmbH (→ *www.dfs.de*).

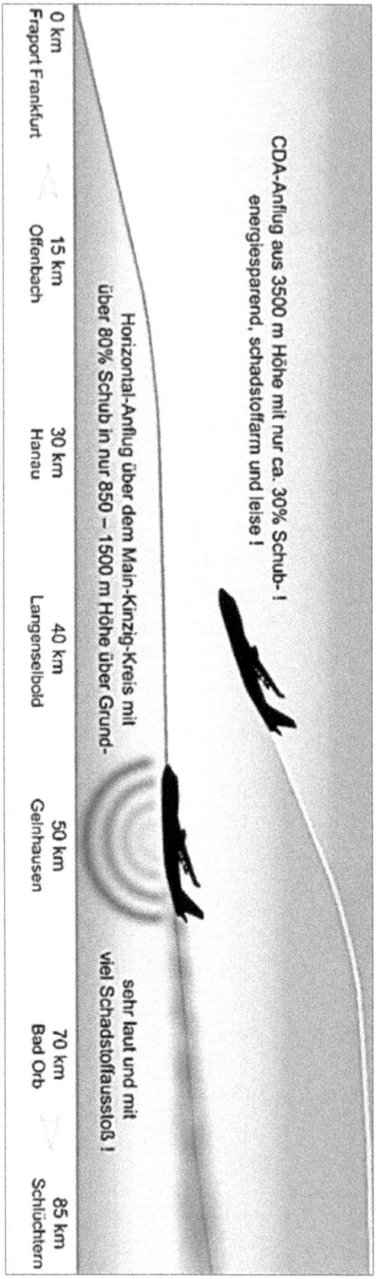

10 | *CDA-/CDO*-Anflug zur Einsparung von Kerosin und Emissionen
Quelle: Deutsche Flugsicherung GmbH (DFS); Travel One Nr. 3 vom 7.2.14, S. 14–15

Wie sich der **Flugverkehr auf das Klima auswirkt**, ist bis heute nicht genau bekannt. Zu **vielfältig** sind die dabei zu berücksichtigenden **Effekte** in der Atmosphäre, chemische Reaktionen, räumliche Verteilung der Stoffe oder zusätzliche, durch die Abgase ausgelöste Wolkenbildung etc. Entsprechend uneinheitlich sind die Ergebnisse der ohnehin wenigen Studien. Dennoch zeichnet sich ab, dass unter den Abgasen die **Stickoxide** (NO_x) die wichtigste Rolle spielen, wenngleich hauptsächlich **Kohlendioxid** (CO_2) freigesetzt wird. Schon in den 1980er-Jahren konnte die pro Passagierkilometer verbrauchte Treibstoffmenge durch neue Triebwerkkonstruktionen halbiert werden (der Treibstoff macht rund ein Drittel der gesamten Betriebskosten eines Flugzeugs aus). Mit neuen, noch effektiver arbeitenden Triebwerken will man nun auch die Stickoxidemission um 30 bis 85 % verringern.

Zwar tragen die Flugzeuge lediglich – je nach Schätzung bzw. Berechnung – 3 bis 5 % zur gesamten, vom Menschen verursachten Stickoxidemission in die Atmosphäre bei. Diese Gase werden jedoch in einer Höhenschicht – der oberen Troposphäre bzw. dem unteren Bereich der **Stratosphäre**, also je nach Flughöhe etwa **zehn Kilometer über dem Erdboden** – deponiert, die unter normalen Bedingungen nahezu stickoxidfrei ist; sie **schädigen daher weitaus stärker** als z.B. die (bodennahe) Abgase der Pkw. Diese Stickoxide fördern die Bildung von Ozon in der oberen Troposphäre, dem Gas, das auch zum sog. **Treibhauseffekt** beiträgt. Nachteilig könnte sich auch eine mögliche Wolkenbildung durch **Wasserdampf**, den die Triebwerke ebenfalls als Verbrennungsprodukt ausstoßen, ebenso wie **Ruß**- und Kleinpartikelemissionen erweisen. Da man diese Effekte nur sehr schwer, den CO_2–Ausstoß hingegen einigermaßen zuverlässig messen kann, wird – vereinfacht ausgedrückt – der Gesamtklimaeffekt des Fluges über einen Hochrechnungsfaktor zum CO_2-Ausstoß angegeben (***RFI-Faktor*** = *radiative forcing index*) und mit Kosten/ Preisen versehen. Unterschiedliche Anbieter von Kompensationslösungen (z.B. *myclimate, atmosfair*) arbeiten jedoch mit unterschiedlichen *RFI-Faktoren*, was deren Kompensationspakete für identische CO_2-Belastungen (identische Flüge) unterschiedlich teuer macht. Je nach Berechnungsansatz, Einbeziehung der weiteren Effekte und Prozesse beim Flug lässt sich ein RFI-Faktor in Höhe von 1,9 bis 4,7 realistisch berechnen. Der Weltklimarat empfiehlt den RFI-Wert **3**, mit dem z.B. auch *atmosfair* kalkuliert.

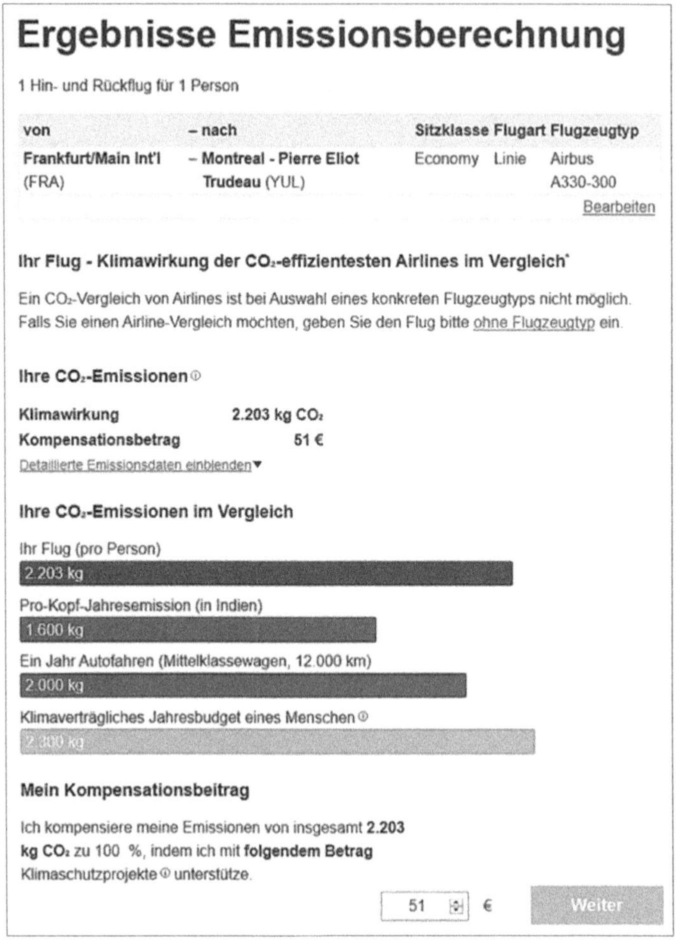

11 | Beispiel Emissionsrechner und Kompensationsbetrag *atmosfair*
Quelle: atmosfair-Emissionsrechner (2018)

Folgendes Beispiel zeigt die **unterschiedlichen Berechnungsmethoden** und deren **Auswirkung auf den Kompensationspreis**. Bei ***atmosfair*** würde ein **Flug von Frankfurt nach Montréal**, Kanada, mit einem Airbus A330-300, Nonstop-Flug, Economy-Klasse, ca. 11.800 km für Hin- und Rückflug pro Person insgesamt ca. **2,2 Tonnen** CO_2-Äquivalente (davon 757 kg direkte CO_2-Emissionen und ca. 1,4 Tonnen umgerechnete Kondensstreifen, Ozonbildung etc.) verursachen; er sollte mit **51 EUR kompensiert** werden:

Derselbe Flug würde, mit einer **Boeing 777-200LR** durchgeführt, 2.425 kg CO_2 verursachen; er müsste laut *atmosfair* mit **56 EUR** kompensiert werden. ***Myclimate*** unterscheidet nicht nach Flugzeugtypen und gibt für denselben Flug 2,2 Tonnen CO_2-Emissionen an, die mit **52 EUR** zu kompensieren wären. ***ClimatePartner*** kommt für denselben Flug zwar auf eine höhere Belastung als *atmosfair* (2.386 kg CO_2-Äquivalente), aber einen geringeren Kompensationsbetrag (je nach Kompensationsprojekt **zwischen 34 und 43 EUR**).

Letztlich gibt es also **keine eindeutige „Wahrheit"**, welche Belastung durch einen bestimmten Flug bewirkt wird und in welchem Umfang zu welchen Kosten diese zu kompensieren ist.

Für den Flugverkehr hatte die EU ursprünglich 2007 beschlossen, von 2012 an auch für alle Flüge, die in der EU starten oder landen, Emissionsrechte zu verlangen. Dies bedeutet, dass jede (betroffene) Fluggesellschaft einen Teil ihrer CO_2-Emissionen kompensieren und dafür – soweit der Bedarf an Emissionszertifikaten das ihnen kostenlos zugeteilte Kontingent übersteigt – entsprechende Zertifikate kaufen muss. Auf Druck von Drittstaaten, insbes. der USA und China, nahm die EU jedoch Interkontinentalflüge aus dem Emissionshandel heraus, so dass der verpflichtende **Emissionsrechtenachweis seit 2012 nur für innereuropäische Flüge** gilt. Diese Ausnahme soll vorerst **bis 31.12.2023** gelten; weitere Ausnahmen gelten für bestimmte Gebiete/Flugstrecken und Flugzeugtypen bzw. Flugzwecke[90]. Die internationale Luftfahrtorganisation **ICAO** plant, das Klimaschutzinstrument ***CORSIA*** *(Carbon Offsetting and Reduction Scheme for International Aviation)* ab 2020 weltweit einzuführen – die konkrete Gestaltung und das Zusammenspiel mit dem europäischen Emissionshandelssystem sind noch zu klären (Informationsstand 4/2019).

Eine weitere Belastung der Umwelt kann darin bestehen, dass Flugzeuge vor dem Landeanflug auf einen Flughafen überflüssiges **Kerosin in die Luft ablassen (fuel dumping)**. Die Airlines machen dies, um – aus Sicherheitsgründen und zur Verringerung von Inspektionskosten – Gewicht bei der Landung zu sparen, dies insbesondere, wenn aufgrund technischer Probleme eine verfrühte Landung, ggf. sogar unmittelbar nach dem Start, erfolgen muss. In Deutschland besonders betroffen ist die Region um den Frankfurter Flughafen, aber auch Bay-

---

[90] Siehe Europäische Verordnung 2017/2392 vom 13.12.2017/29.12.2017 zur Richtlinie 2003/87/EG (Informationsstand 12/2018).

ern. In deren Luftraum wurden 2015 und 2016 ca. 400 Tonnen und 2017 ca. 34 Tonnen Kerosin abgelassen. Zwar verflüchtigt sich ein Großteil des abgelassenen Kerosins in der Atmosphäre, doch dürfte dies ebenso wie der verbleibende Teil, der auf die Erde und ihre Bewohner rieselt, kaum umweltfreundlich sein.

12 | Helikopterangebote
Quelle: *https://www.thomascook.de/monte-carlo-passport/* (Stand 1/2019)

Immer wieder kreiert die Tourismusbranche wenig nachhaltige Produkte bzw. Leistungselemente. Als ein Beispiel seien **Helikopterflüge für Touristen** genannt. Zum Vorteil und/oder **Vergnügen nur weniger Nutzer** verbrauchen diese viel Energie, emittieren Abgase und verursachen eine hohe Lärmbelästigung. So boten u.a. *TUI* und *Thomas Cook* 2003 Hubschrauberausflüge auf Fuerteventura oder Lanzarote an. 2018/2019 lockte die *Thomas Cook*-Luxusmarke *Signatu-*

re Finest Selection mit (kostenlosen) Helikoptertransfers für Monaco-Reisende: Um ca. 30 Minuten Bustransferzeit für ca. 20 km vom Flughafen Nizza nach Monaco zu verringern, wurde vom *Futouris*-Mitglied (!) *Thomas Cook* mit dem Spezialangebot *Passport to Monte Carlo* ein Hubschrauberzubringer angeboten. Muss das sein?

Mittlerweile wird auch der **Weltraum als Reiseziel** propagiert. Schon 2010 gab es Pläne des britischen Milliardärs *Richard Branson* (Gründer diverser *Virgin*-Firmen inkl. Airline), ab 2011/2012 mit einem raketengetriebenen Fluggefährt namens ***VSS Enterprise*** (in Anlehnung an die Science-Fiction-Filme) und dessen Mutterschiff ***SpaceShip Two*** Touristen für ca. 200.000 USD Reisepreis ins Weltall zu bringen.[91] Ab einer Höhe von ca. 100 Kilometern, der Grenze zum Weltraum, könnten die Reisenden dann die Schwerelosigkeit erfahren. 2010 sollten der Gesellschaft *Virgin Galactic* bereits ca. 300 Vorausbuchungen vorliegen (40 Mio. USD geleistete Anzahlungen). Bei einem Testflug 2014 stürzte ein Prototyp der *VSS Enterprise* jedoch ab. Erst im Dezember 2018 gelang es der *VSS Unity* im Rahmen des *SpaceShip Two*-Programms von *Branson*, zwei Astronauten an die Grenze des Weltraums zu befördern; seitdem sollen ca. 700 Vorausbuchungen (von Multimillionären) für derartige Reisen vorliegen. Andere Unternehmer (z.B. ***Blue Origin*** von *Amazon*-Gründer *Jeff Bezos* oder ***SpaceX*** von *Elon Musk*) verfolgten und verfolgen ähnliche Visionen von Weltraumreisen. Realisiert wurden solche Reisen bis jetzt (2020) zum Glück noch nicht, denn wenn schon Helikopter-Skiing hier als eine unverhältnismäßig umweltschädigende Tourismusform gekennzeichnet wird, dann dürften Energieverbrauch und Emissionen für das kurze Vergnügen sehr weniger Menschen einen solchen **Weltraumtourismus auf jeden Fall verwerflich** erscheinen lassen.

Ökologische Belastungen durch Schiffsverkehrsemissionen (insbesondere Kreuzfahrten)

Auch der **Energieverbrauch von Kreuzfahrtschiffen** ist relativ hoch. Dieser ist u.a. abhängig von der Größe des Schiffs, wobei größere Schiffe tendenziell effizienter sind als kleine.[92] Die sehr große *AIDAperla* (ca. 126.000 BRZ) verbraucht bei voller Auslastung und Leistung 13,3 Kilowatt pro Passagier. Bei der kleineren *AIDAcara* (ca.

---

91 Vgl. Flottau, Enterprise.

92 Vgl. zu den folgenden Ausführungen ausführlich: Bührke, Triebwerke.

39.000 BRZ) sind es schon 16,3 Kilowatt Maschinenleistung pro Passagier. Bei einem Expeditionsschiff wie der *Bremen* fallen 4.854 Kilowatt für 155 Passagiere an, somit also im Durchschnitt 31,3 Kilowatt Leistung pro Passagier.[93] Erzeugt wird die benötigte Energie v.a. durch Motoren, die oft mit sog. **Schweröl** betrieben werden, was zu enormen Luftbelastungen führt. Noch belastender als die flugzeugbedingten Emissionen sind dadurch die Abgase von Container- und **Kreuzfahrtschiffen**, die größtenteils dieses **Schweröl** nutzen. Schätzungen gehen von 220 Mio. Tonnen Schweröl aus, die jährlich auf den Markt kommen.[94] Neben **Stickoxiden** und anderen Schadstoffen werden **Schwefel** und Ruß als **Feinstaubpartikel** in großen Mengen bei der Nutzung von Schweröl ausgestoßen.

Wissen | Schweröl

Schweröl (auch Bunkeröl, Bunker C, HFO) ist eine Art Abfallstoff aus der Mineralölverarbeitung. Der Schwefelanteil durfte/kann bis zu 4,5 % (seit 2012 bis 3,5 %) Massenanteil betragen (vgl. Heizöl für Haushalte: 0,05 % bis max. 1 %; Pkw-Diesel max. 0,01 %). Ab 2020 gilt für Reedereien weltweit eine auf max. 0,5 % beschränkte Schwefelobergrenze. In Nord- und Ostsee sind die Auflagen strenger. Fast alle älteren Schiffe müssen also mit z.B. Scrubbern nachgerüstet werden oder einen saubereren (und teureren) Treibstoff nutzen – oder die Grenzwerte auf illegale Weise umgehen, was angesichts der mangelnden Kontrollen nicht schwerfallen dürfte. Unbrennbare Rückstände des Schweröls werden als „Schlamm" (Sludge) separat entsorgt bzw. bis in die 1970er-Jahre (und ggf. heute noch illegal) auf See entsorgt (verklappt). Würde statt Schweröl der teurere Marinediesel eingesetzt, so ließen sich dadurch die Emissionen von Schwefeloxid und Feinstaubpartikeln deutlich, von Stickoxiden leicht reduzieren.

93 Vgl. Behling, Schiffe.

94 Vgl. Brunner, Umweltschutz Kreuzfahrt.

Feinstaub wird im Übrigen auch in großen Mengen in Deutschland beim alljährlichen privaten Silvesterfeuerwerk verursacht. Schätzungen (die der Verfasser jedoch für übertrieben hält) gehen davon aus, dass in den wenigen Stunden der Neujahrsnacht so viel Feinstaub freigesetzt wird, wie er 15 % der im ganzen Jahr durch den Straßenverkehr ausgestoßenen Menge entspricht!

Auch das Müllaufkommen steigt durch die Böllerreste stark an. Zu Silvester 2018 und vermehrt noch 2019 verordneten einige Städte erstmals „böllerfreie Zonen". Licht- und Lasershows, wie in Paris, sind eine umweltfreundlichere Alternative. Andererseits sind Silvesterfeuerwerke ebenso wie bestimmte Reisen ein Ausdruck der und ein Anlass für Lebensfreude, ein Zeichen der Freiheit, des optimistischen Weitermachens trotz aller Widrigkeiten, der Befreiung entgegen der immer geforderten Vernunft – zumindest temporär und kurzzeitig. Was ist also das „richtige" Verhalten?

Wissen | Feinstaub

Als **Feinstaub** bezeichnet man besonders kleine Schwebteilchen in der Luft. Feinstaub wird nach der Partikelgröße in verschiedene Klassen eingeteilt. Die größten als Feinstaub geltenden Partikel sind etwa zehn Mal kleiner als ein Haar (Klasse **PM10** = Particulate Matter unter 10 Mikrometer). Sie können zum Teil über die Abwehrsysteme der Nase oder durch Abhusten abgewehrt werden. **PM2,5** mit weniger als 2,5 Mikrometer Durchmesser dringt bis in die Lunge vor. Sogenannte **ultrafeine Partikel** (als kleinste Bestandteile von Feinstaub, bis 0,1 Mikrometer Durchmesser) können **über die Lungen in die Blutbahn** des Menschen gelangen und so Krankheiten verursachen, zumal an ihrer (wenn auch sehr kleinen) Oberfläche Giftstoffe haften können. Dies belastet besonders Kinder mit einem kleineren Lungenvolumen. Doch auch bei der Obduktion von Lungen Erwachsener, die in Großstädten lebten, lassen sich **schwarze Punkte auf der Lunge** als dauerhafte Ablagerungen von Feinstaub erkennen (Anthrakosen, auch bei Nichtrauchern).

Ab welcher Feinstaubbelastung eine Gesundheitsgefährdung vorliegt, darüber gibt es unterschiedliche Thesen – basierend auf unterschiedlichen **Grenzwerten**. Solche Grenzwerte sind jedoch immer relativ, d.h.

das Ergebnis von Verhandlungen insbesondere in der **Politik**. Diese konzentriert sich gerne auf akute Themen (wie 2017/2018 z.B. den Pkw-Verkehr, insbes. durch **Dieselfahrzeuge**). Andere **Verursacher** (wie **Kohlekraftwerke**, **Schiffe, Diesellokomotiven**, **private Holzöfen, Feuerwerke** und auch sog. **sekundärer Feinstaub** (der sich in der Atmosphäre erst bildet, z.B. als Ammoniakverbindungen) durch **Nutztiere**) bleiben bei der Betrachtung dann oft außen vor.

Von etwa 1990 bis ca. 2009 ist die Belastung durch verschiedene Feinstäube und Stickoxide in Deutschland dank Umweltschutzmaßnahmen aufgrund gesetzlicher Auflagen deutlich gesunken; seit 2009 jedoch nur noch unwesentlich (u.a. auch wegen zunehmender Verbreitung/Nutzung von privaten Holzöfen). In anderen Weltregionen und Städten (z.B. Delhi in Indien) ist die Luftsituation auch heute noch um ein Vielfaches schlechter. Unter anderem wird die Luftverschmutzung dort durch **offene Feuerstellen**, mit dem Verbrennen von behandeltem (z.B. lackiertem) Holz, in den Armenvierteln verursacht.[95]

Auf **Kreuzfahrtschiffen** selbst lassen sich – je nach Position auf dem Schiff, z.B. hinter dem Schornstein – **bis zu 450.000 Feinstaubartikel** je Kubikzentimeter Luft messen. Selbst in den Schiffskabinen lassen sich Werte bis 70.000 nachweisen – wobei nicht ausgesagt ist, welche Stoffe sich in der Kabinenluft befinden. *AIDA* z.B. betont, dass alle für Kreuzfahrtschiffe vorgeschriebenen Standards und Grenzwerte für Emissionen eingehalten werden (wobei es für Feinstaub gar keine offiziellen Grenzwerte gibt). Zum Vergleich: In Räumen mit vielen Menschen (z.B. Messehallen mit Teppichabrieb) ergeben sich Werte von bis zu 10.000 Partikel je Kubikzentimeter Luft, an einer vielbefahrenen Straße ca. 20.000 (zu ca. 60 % durch den Abrieb von Autoreifen und Bremsen und zu ca. 40 % durch Ruß aus den Motoren; die Motoren sind vor allem für hohe Stickoxidwerte verantwortlich). In Stuttgart liegen die Werte selbst am vielbefahrenen Neckartor an einem Tag mit Feinstaubalarm unter 10.000 (hinzu kommen Belastungen durch andere Schadstoffe).

Die Belastung durch Feinstaub und andere Emissionen betrifft nicht nur Menschen **auf den Schiffen** selbst und die **Hafenstädte**, son-

---

95 Bei diesen häuslichen Feuerstellen in Schwellen- und Entwicklungsländern setzen CO_2-Kompensationsmaßnahmen an, indem aus den Erträgen der Kompensationszahlungen effizientere und damit emissionsärmere Öfen finanziert werden.

dern auch weiter **entfernt liegende Landesteile**, da die abgashaltige Seeluft auch ins Binnenland zieht.

Kritiker sehen die Ozeanriesen aufgrund der Nutzung von Schweröl daher als schwimmende Müllverbrennungsanlagen. Selbst wenn es – wie auf Nord- und Ostsee – gesetzliche Grenzwerte für die **Emissionen** gibt,[96] so betragen diese ein **Vielfaches der beispielsweise für Pkw** und deren Treibstoffe zugelassenen Werte. Auf anderen Meeren, so auch im Mittelmeer, liegen die Grenzwerte noch höher. Wer einmal bei einem fahrenden Kreuzfahrtschiff in die Abgasrauchfahne am Heck des Schiffs geraten ist, spürt sofort den beißenden Geruch und die Belastung auf den Lungen. Mediziner inkl. der Weltgesundheitsorganisation *WHO* sehen die ausgestoßenen Schadstoffe und den Feinstaub als krebserregend an. Viele Reedereien versuchen, mit **Abgasreinigungssystemen** (sog. **Scrubbern**) die Emissionen zu verringern. Bis etwa 2013 waren diese jedoch kaum verbreitetet.

Wissen | Scrubber

Diese Scrubber erstrecken sich über mehrere Decks und sind mehrere Meter breit. Sie funktionieren wie eine riesige Dusche, um Schadstoffe aus den Abgasen herauszuspülen: Auf hoher See rieselt Meerwasser auf die Abgase. Die Alkalien im Wasser binden Schwefel und Rußpartikel ohne chemische Zusätze. Danach wird das verunreinigte Seewasser solange verdünnt, bis es ins Meer zurückgeleitet werden darf (Open-Loop-System). Stickoxide und Rußpartikel werden durch zusätzliche Katalysatoren reduziert. Die im Schweröl enthaltenen Schwermetalle und Giftstoffe jedoch müssen später an Land als Sondermüll entsorgt werden.

In Neubauten können diese Systeme von vorneherein eingeplant werden; die Umrüstung älterer Schiffe ist hingegen oft schwierig, alleine schon aus Platzmangel im Maschinenraum.

---

96 Die Grenzwerte werden im sog. MARPOL-Abkommen international geregelt. Bei MARPOL handelt es sich um ein internationales Übereinkommen von 1973 (1983 in Kraft getreten) zur Verhütung der Meeresverschmutzung durch Schiffe. Das Abkommen wird regelmäßig erweitert und aktualisiert. MARPOL enthält mehrere Anlagedokumente, die sich mit dem Umgang von unterschiedlichen Schiffsabfällen befassen, so z.B. bezüglich des Einleitens von Öl und ölhaltigen Gemischen ins Meer, ebenso bzgl. Schiffsabwasser, Müll oder Abgasen. Bei Beachtung bestimmter Bedingungen (z.B. Zerkleinerung von Abfällen, Entfernung zum Land) dürfen Abwässer und Abfälle demnach ins Meer eingeleitet werden.

So investierte ***AIDA*** von 2013 bis 2016 viele Millionen in die Umweltschutztechnologie der Schiffe, damit diese bis zu 90 % weniger Stickoxide und Ruß und bis zu 70 % weniger Kohlenmonoxid ausstoßen. Norwegian Cruise Line rüstete von 2014 bis 2016 sechs von 13 Schiffen zur Filterung von Schwefeloxiden um.

In den meisten Häfen der Welt dürfen Schiffe beim Anlegen zwar nicht mehr mit Schweröl betrieben werden, doch verfügen nur wenige Häfen über sog. **Landstromanschlüsse**, so dass die meisten Schiffe auch während der Liegephasen mit z.B. Schiffsdiesel betrieben werden müssen. So werden auch die **Hafenstädte und deren Umland durch die Abgase belastet**. Schiffsemissionen von den deutschen Küstenstädten sind noch in Berlin messbar.

Praxis | Diesel-Pkws versus Container- und Kreuzfahrtschiffe

Insofern verwundert es, dass z.B. Hamburg zwar seit Juni 2018 aufgrund von Umweltbelastungen einige Straßenabschnitte für ältere Diesel-Pkw und Lastkraftwagen gesperrt hat (diese umfahren dann im Zweifel die gesperrte Zone und produzieren somit auf der dann längeren Strecke noch mehr Emissionen), gleichzeitig aber die Luftverschmutzung durch Container- und Kreuzfahrtschiffe akzeptiert. Selbst die DRV-Jahrestagung im Dezember 2019 fand auf einem Kreuzfahrtschiff statt, das mit laufenden Dieselmotoren über mehrere Tage im Hamburger Hafen lag.

Schätzungen des NABU gehen davon aus, dass 15–25 % der Abgasbelastungen auf den gesperrten Hamburger Straßen auf den Schiffsverkehr (und somit gar nicht auf den Pkw-Verkehr) zurückzuführen sind. Ein einzelnes großes Schiff belastet die Luft ebenso viel wie Zehntausende Pkw. Je nach Berechnung und Einbeziehung der verschiedenen Emissionen wird von 12.000 bis 50.000 Autos gesprochen, auf Streckenvergleiche bezogen werden bis zu 5 Mio. Autos genannt.

Der Versuch einer solchen (kaum objektiv möglichen) Vergleichsrechnung soll hier jedoch nicht angestellt werden. In anderen Hafenstädten, so z.B. Newark als Teil des New Yorker-Containerhafens, besteht die Belastung ebenso. Schätzungen der WHO gehen davon aus, dass durch Schiffsabgase jährlich bis zu 27.000 vorzeitige Todesfälle in Europa (weltweit bis zu 60.000 Todesfälle) verursacht werden

Diese Belastung der Städte wird nicht nur durch die großen Kreuzfahrtschiffe, sondern auch durch die zahlreichen kleinen Passagierschiffe, Ausflugsdampfer, Sightseeing-Boote, Schlepper, Flusskreuzfahrtschiffe etc., die auf den Binnengewässern fahren, verursacht. Erst wenige kleinere Schiffe wie **Fähren fahren mit Elektroantrieb**, so z.B. die 2019 größte batteriegespeiste Fähre von *Scandlines* zwischen Helsingor (Dänemark) und Helsingborg (Schweden). Mit der in Norwegen 2019 in Bau befindlichen *Yara Birkeland* soll erstmals 2020 ein (allerdings sehr kleines und vorerst nur küstennah einsetzbares) **Containerschiff mit Elektroantrieb** im Einsatz sein. Nur sehr wenige Schiffe fahren durchgehend oder zumindest weitgehend mit saubereren Kraftstoffen Diesel oder gar **LNG**.

Wissen | Flüssiggas
(liquefied natural gas, kurz: LNG)

LNG = liquefied natural gas = Flüssigerdgas, das dank Abkühlung verflüssigtes und in seinem Volumen komprimiertes Erdgas bezeichnet. Zwar benötigen die Gewinnung und Kühlung auch Energie, doch gilt diese Form der Gasvorhaltung letztlich als effizient. LNG-Verbrennung verursacht bei der Seeschifffahrt 25–30 % geringere CO_2-Emissionen und bis zu 70 % weniger Stickoxide gegenüber z.B. Schweröl sowie fast keine Schwefel- und Feinstaubemissionen, kann die Umwelt aber auch belasten, indem z.B. das enthaltene Methan nicht vollständig verbrannt wird und als Treibhausgas zu einer Erwärmung der Erdatmosphäre führt. Siehe Wurster/Weindorf et al, LNG, S. 68.

Letztlich ist LNG auch ein fossiler Energieträger und damit umweltbelastend und nur begrenzt verfügbar. Langfristig müssten also andere Schiffsantriebe (z.B. elektrostrombasiert unter Nutzung erneuerbarer Energien) entwickelt werden.

Die ***AIDAprima*** verfügte als erstes Kreuzfahrtschiff seit Mai 2016 über einen **Dual-Fuel-Motor**, dank dessen das Schiff während der Hafenliegezeiten (= ca. 40 % der Betriebszeit) emissionsarm LNG nutzen kann. *AIDA* gibt an, dass die *AIDAprima* während der Nutzung von LNG 20 % weniger CO_2 ausstößt als bei der Verbrennung von schwefelarmem Marinegasöl; Stickoxide werden um 80 % reduziert und der Ausstoß von Schwefeloxiden und Rußpartikeln wird nahezu gänzlich vermieden.

Die ***AIDAnova*** ist das erste Kreuzfahrtschiff, das komplett mit dem emissionsärmeren LNG betrieben werden kann/soll (ein Betrieb mit Diesel als Reserve ist auch möglich; Diesel wird auch zum Anwerfen der Motoren benötigt). Dazu wurden zwei große **Erdgastanks** im Bauch des Schiffes eingebaut, mit denen die **vier Motoren** des Schiffes betrieben werden können. Das Schiff mit ca. 2.600 Passagierkabinen für ca. 6.400 Passagiere wurde Ende 2018 von der *Meyer Werft* in Papenburg fertiggestellt. Die Ingenieure der Werft hatten bereits über viele Jahre vorher an dieser umweltfreundlicheren Antriebstechnik entwickelt und mit *AIDA* den ersten Kunden davon überzeugen können.

Voraussetzung für den Betrieb mit LNG ist natürlich auch, dass dieser **Treibstoff** in den verschiedenen **Häfen** der Welt **verfügbar** ist. Landseitig ist dies noch keinesfalls überall möglich; ggf. kann ein LNG-Schiff wie die *AIDAnova* über Bunkerschiffe betankt werden.

Andere sogenannte **Hybridantriebe** können alternativ mit Schiffsdiesel oder elektrischem Strom betrieben werden.[97] Durch technische Verbesserungen versuchen Reedereien darüber hinaus, den Kraftstoffverbrauch zu senken. Zu beachten ist, dass die **Containerschifffahrt** mit Zehntausenden von Schiffen um ein Vielfaches mehr die Umwelt belastet, als dies einigen Hundert weltweit operierenden Kreuzfahrtschiffen angelastet werden kann.

Wissen | Ausstoß der Hochseeschiffe

Schätzungen gehen davon aus, dass ca. 50.000 weltweit agierende Hochseeschiffe 816 Mio. Tonnen CO_2 ausstießen (2012) und für ca. 13 % der weltweiten Emissionen an Schwefeloxiden und 15 % der Stickoxide verantwortlich sind (Schwenkenbecher, Antrieb). Im Hamburger Hafen verursachen die Containerschiffe mehr als zwei Drittel der Stickoxidemissionen, die Kreuzfahrtschiffe jedoch nur knapp 3 % (vgl. Behling, Klare Seeluft). Die Kreuzfahrtredereien sind in Sachen Umweltschutz eher Vorreiter und ein Vorbild für die Containerschiffe.

Wissen | Kraftstoffverbrauch auf See

Durch Verbesserungen wie z.B. effizientere Motoren oder einen Silikon-/Speziallackanstrich des Bugs, um sog. Biofouling (Befall des Schiffsrumpfs mit Algen, Muscheln etc.) und damit den Wasserwiderstand zu verringern, lässt sich der Kraftstoffverbrauch senken. Durch Vermeidung von Biofouling wird auch die Einwanderung invasiver Arten über den Seeweg in andere Weltregionen erschwert.

Die sog. MALS-Technologie (Mitsubishi Air Lubrication System; Luftschmierungssystem) lässt ein Schiff wie die AIDAprima, die Quantum of the Seas oder die Harmony of the Seas reibungsärmer über einen Teppich aus Luftblasen gleiten, wodurch 5 bis 7 % der Antriebsenergie eingespart werden können.

---

[97] So z.B. das 2019 in Dienst gestellte Expeditionsschiff Roald Amundsen von Hurtigruten, das im Elektromodus emissionsfrei und geräuschlos betrieben werden kann. Siehe → *https://www.hurtigruten.de/schiffe/ms-roald-amund sen/*.

Auch eine geringere Fahrgeschwindigkeit („Slow Steaming") führt zu weniger Wasserwiderstand und damit geringerem Kraftstoffverbrauch. Selbst „Kleinigkeiten" wie die Nutzung von energiesparender LED-Beleuchtung reduzieren den Energieverbrauch.

Auf oft in den Publikumsmedien bemühte Vergleiche, nach denen ein Kreuzfahrtschiff (pro Person oder Strecke gerechnet) die Umwelt x-mal so viel belastet wie z.B. ein Pkw, soll hier verzichtet werden, da diese der tatsächlichen Komplexität der Sachlage nicht gerecht werden.

Darüber hinaus verbrauchen Kreuzfahrtpassagiere relativ viel **Wasser**, und sie verursachen **Abwässer**, die teilweise auf dem bzw. in das Meer entsorgt werden, sowie bis zu vier Kilogramm **Abfall** pro Person und Tag (→ dazu Kapitel 6.2 ▸ Müllproblematiken).

Wissen | Wasserverbrauch auf Kreuzfahrtschiffen

Schätzungen gehen von ca. 400 Litern Wasser pro Tag und Passagier aus, wobei natürlich nicht nur der direkte Konsum, sondern auch alle indirekten Wasserverbräuche für Pools, Spülanlagen, Wäscherei etc. eingerechnet sind.

Diese Beispiele zeigen, dass der Tourismus keineswegs die **weiße Industrie** ist, als die er gerne bezeichnet wird. Zwar qualmen neben den Verwaltungsgebäuden der Reiseveranstalter keine Schornsteine, doch wird die **Umweltbelastung** schlicht auf die Meere oder **in die Zielgebiete exportiert**.

6.4 Tierleid im Namen des Tourismus?

Tourismus kann dem **Artenschutz** dienen, wenn z.B. ein Land mehr damit verdient, dass Touristen wegen seiner Elefanten durch Reisen ins Land Geld ausgeben, als wenn Wilderer Elfenbein verkaufen (→ Kapitel 2). Aber Tourismus kann auch Ursache sein für das **Leid von Tieren**. Sogenannte **Delfinarien** bieten Touristen **Tiershows**, vor allem mit Delfinen und Orcas. Diverse Reiseveranstalter bieten ihren Gästen solche Shows als Ausflugsprogramm an. Touristen, insbesondere Kinder, sind einerseits begeistert davon, mit Delfinen schwimmen zu können (gegen gutes Extraentgelt, versteht sich), sie zu füttern, sie im Wasser tanzen zu sehen etc. Andere, kritischere Urlauber zeigen sich schockiert darüber, wie die Tiere dort (nicht artgerecht) gehalten und zur Belustigung der Gäste vorgeführt werden.

Die **nicht artgerechte Haltung** der Tiere in Delfinarien wird von Tierschützern kritisiert. Das ***Wal- und Delfinschutzforum (WDSF)***[98] weist nicht nur auf die **Tierquälerei** in den zu kleinen Betonbecken, sondern auch auf die z.B. in Form von **Treibjagden** vor Japan praktizierten Fangmethoden hin, bei denen viele Tiere verenden. Besonders deutlich und publik wurde die Kritik im Februar **2010**, als in der türkischen Anlage ***Sealanya*** bei Alanya vier Delfine an einer Oleandervergiftung aufgrund mangelnder Hygiene starben. Es kam im Frühjahr 2010 zu diversen Presseberichten darüber sowie zu **Boykottaufrufen**, die auch deutsche Reiseveranstalter betrafen. Weitere Missstände dieser Art wurden im Sommer 2010 aufgedeckt (mit Delfinen schwimmen in zu kleinen Becken von *Aqualand*; wird auch 2019 noch von z.B. *Expedia* angeboten; Tümmler in einem Hotelpool in Hisarönu bei Marmaris etc.).

Praxis | Palmitos Park

Der Palmitos Park (in der Nähe von Maspalomas, Gran Canaria) gibt an, über drei große und tiefe Schwimmbecken mit mehr als vier Mio. Liter Wasser für eine Haltung von bis zu neun Tieren zu verfügen, während der Park nur eine kleinere Gruppe von Delfinen hält. Die Becken sind vier Meter tief. Außerdem seien die Tiere nicht aus dem Meer gefangen, sondern in künstlichen Parkumgebungen gezeugt und aufgezogen worden und hier im Park nicht (z.B. durch Fischerei) bedroht. Ihre Showeinlagen führten sie aus einem natürlichen Bewegungs- und Spieltrieb heraus auf.

---

98 Das gemeinnützige Wal- und Delfinschutz-Forum (WDSF) ist eine der weltweit aktivsten Organisationen zum Schutz von Meeressäugetieren mit Vor-Ort-Protestaktionen und juristischen Interventionen gegen katastrophale Haltungen in Delfinarien und Tierquälerei. Siehe → *www.wdsf.eu*.

Vieles spricht dafür, dass der Palmitos Park sich positiv von den im Folgenden genannten, stark kritisierten Parks abhebt. Gleichwohl gibt es auch zu diesem Park kritische Stimmen (siehe z.B. → *https://www.dauphinlibre.be/palmitos-park-dauphins-de-montagne-sous-un-soleil-de-plomb/*). Siehe zum Beitrag des Tourismus für den Artenschutz → Kapitel 2.

13 | Delfin-Show im *Palmitos Park*, Gran Canaria

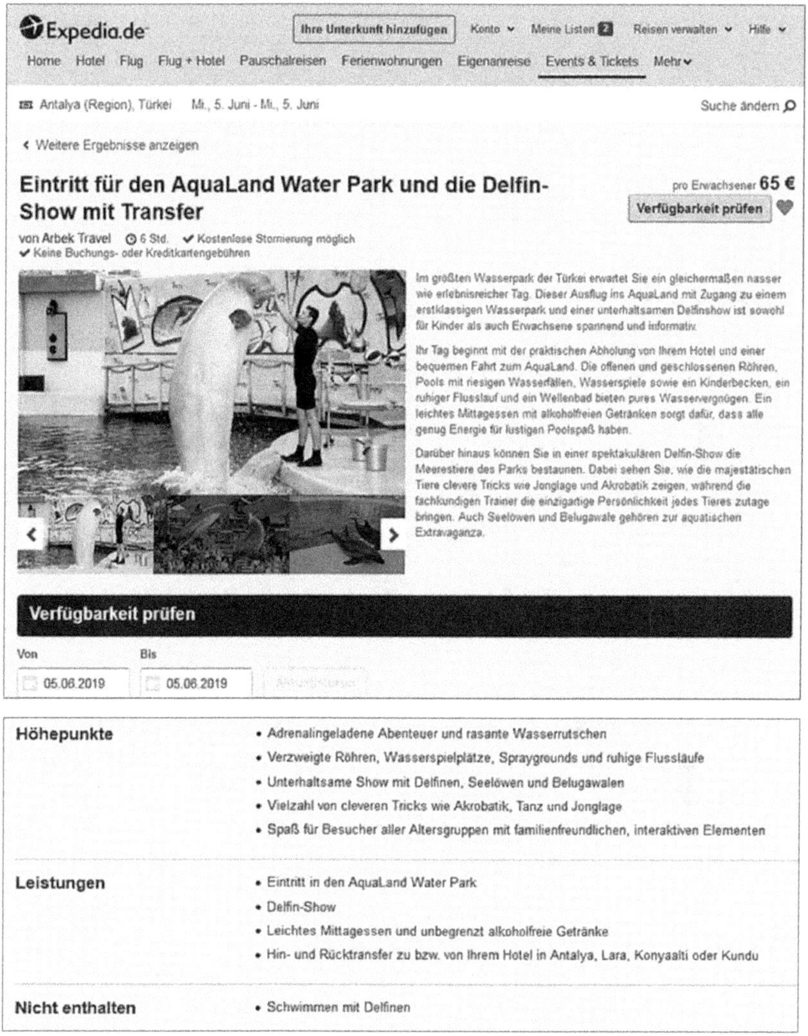

Expedia.de
Ihre Unterkunft hinzufügen | Konto | Meine Listen 2 | Reisen verwalten | Hilfe
Home | Hotel | Flug | Flug + Hotel | Pauschalreisen | Ferienwohnungen | Eigenanreise | Events & Tickets | Mehr

Antalya (Region), Türkei Mi., 5. Juni - Mi., 5. Juni
Suche ändern

‹ Weitere Ergebnisse anzeigen

Eintritt für den AquaLand Water Park und die Delfin-Show mit Transfer

pro Erwachsener **65 €**
Verfügbarkeit prüfen

von Arbek Travel 6 Std. ✔ Kostenlose Stornierung möglich
✔ Keine Buchungs- oder Kreditkartengebühren

Im größten Wasserpark der Türkei erwartet Sie ein gleichermaßen nasser wie erlebnisreicher Tag. Dieser Ausflug ins AquaLand mit Zugang zu einem erstklassigen Wasserpark und einer unterhaltsamen Delfinshow ist sowohl für Kinder als auch Erwachsene spannend und informativ.

Ihr Tag beginnt mit der praktischen Abholung von Ihrem Hotel und einer bequemen Fahrt zum AquaLand. Die offenen und geschlossenen Röhren, Pools mit riesigen Wasserfällen, Wasserspiele sowie ein Kinderbecken, ein ruhiger Flusslauf und ein Wellenbad bieten pures Wasservergnügen. Ein leichtes Mittagessen mit alkoholfreien Getränken sorgt dafür, dass alle genug Energie für lustigen Poolspaß haben.

Darüber hinaus können Sie in einer spektakulären Delfin-Show die Meerestiere des Parks bestaunen. Dabei sehen Sie, wie die majestätischen Tiere clevere Tricks wie Jonglage und Akrobatik zeigen, während die fachkundigen Trainer die einzigartige Persönlichkeit jedes Tieres zutage bringen. Auch Seelöwen und Belugawale gehören zur aquatischen Extravaganza.

Verfügbarkeit prüfen

Von 05.06.2019 | Bis 05.06.2019

Höhepunkte	• Adrenalingeladene Abenteuer und rasante Wasserrutschen • Verzweigte Röhren, Wasserspielplätze, Spraygrounds und ruhige Flussläufe • Unterhaltsame Show mit Delfinen, Seelöwen und Belugawalen • Vielzahl von cleveren Tricks wie Akrobatik, Tanz und Jonglage • Spaß für Besucher aller Altersgruppen mit familienfreundlichen, interaktiven Elementen
Leistungen	• Eintritt in den AquaLand Water Park • Delfin-Show • Leichtes Mittagessen und unbegrenzt alkoholfreie Getränke • Hin- und Rücktransfer zu bzw. von Ihrem Hotel in Antalya, Lara, Konyaalti oder Kundu
Nicht enthalten	• Schwimmen mit Delfinen

13 | *Expedia*-Angebot *Aqualand*, Antalya, mit Delfinshow
Quelle: *https://www.expedia.de/things-to-do/eintritt-fur-den-wasserpark-aqua land-und-die-delfin-show-inklusive-transfer.a306994.aktivitatsabersicht?start Date=2019-06-05&endDate=2019-06-05* (Abfrage für 2019; Stand 1/2019)

Im April 2010 gab ***TUI*** bekannt, sämtliche Delfinangebote zu stoppen. Andere Veranstalter wie ***FTI*** und ***Alltours*** bekräftigten dies ebenfalls. Im Juli 2010 gab ***Öger Tours*** bekannt, Delfinarien-Ausflüge in der Türkei nicht mehr anzubieten. Gleichwohl bot der Veranstalter weiterhin solche Shows an, so dass das *WDSF* zum Boykott aufrief. Im April 2011 überprüfte das *WDSF* Angebote von ***Thomas Cook***; es wurden Delfinarienausflüge gefunden. Auch der Veranstalter ***GTI*** bot 2011 weiterhin solche Touren an.[99]

Im Juli **2013** meldete die ***TUI***, nach erneuten Protesten u.a. auf der Facebook-Seite des Unternehmens, nunmehr den Verkauf des in die Kritik geratenen Sealanya-Delfinariums zu stoppen. Entgegen der Ankündigung 2010/2011 wurde das Angebot also fortgeführt, nachdem – so *TUI* – ein positives Audit unter Berücksichtigung globaler Tierschutzleitlinien durchgeführt worden sei. 2013 geriet die ProSieben-Fernsehsendung ***Germanys Next Topmodel*** mit *Heidi Klum* in die Kritik, weil die potenziellen Models Fotoaufnahmen mit Delfinen im Delfinarium *Dolphin Bay* beim *Hotel Atlantis The Palm* in Dubai machten. Das *WDSF* prangerte die Zustände dort (u.a. leiden die Tiere unter der heißen Sonne in flachen Becken) sowie die Fangmethoden zur Bestückung des Parks mit Delfinen an. Der Reiseveranstalter ***FTI***, der zur selben Zeit mit großen Schaufensterplakaten in Reisebüros für dieses Angebot warb, geriet ebenfalls in die Kritik (wie schon 2010). *FTI* verzichtete daraufhin auf die Werbemaßnahmen, während *ProSieben* sich nicht an einer „philosophischen Debatte über Tiere in Gefangenschaft“ beteiligen wollte.

Im Februar **2014** meldete ***TUI*** dann erneut, nun auf Reisen zu Delfin- und Orca-Shows zu verzichten. Man habe sich nach Verhandlungen mit dem *WDSF* dazu entschlossen. Offenbar wurden also die 2010 sowie 2013 gemachten Versprechungen erneut nicht eingehalten.

Im Mai **2018** meldete das *Futouris*-Mitglied ***Thomas Cook***, zahlreiche Tierparks aus dem Angebotsprogramm entfernt zu haben, so z.B. *Ocean World* in der Dominikanischen Republik, *Sealanya* in der Türkei oder *Asia Safari Khao Lak Elephant Village* in Thailand. Im Juli 2018 gab *Thomas Cook* bekannt, auch den US-Park von *Sea World* sowie den ***Loro Parque*** auf der Kanareninsel Teneriffa, die Orcas halten, aus dem Programm zu verbannen.

---

[99] GTI wurde im Juni 2013 insolvent.

Thomas Cook schrieb dem *WDSF* dazu am 13.8.2018, dass man sich nun entschieden habe, seine eigene Tierschutzrichtlinie zu erweitern und alle Tierattraktionen mit Orcas bis Sommer 2019 aus dem Programm zu nehmen. Das Management des *Loro Parque* nahm dazu wie folgt Stellung: „Die Entscheidung des britischen Reiseveranstalters *Thomas Cook*, keine Eintrittskarten mehr für Attraktionen zu verkaufen, die Orcas halten, ist ganz klar **von Aktivisten beeinflusst**, die sich nicht um die Tiere sorgen, sondern deren Ziel es ist, Zoos zu zerstören und deren **Arterhaltungsaktivitäten zu unterlaufen**. [...] hat der *Loro Parque* die höchsten Qualifikationen, nicht nur von *Global Spirit*, sondern auch von *American Humane*, dem *TÜV*, der *Europäischen Vereinigung der Zoos und Aquarien*, der *Iberischen Vereinigung der Zoos und Aquarien*, der *Europäischen Vereinigung der Meeressäuger* und der *Allianz von Park und Aquarien der Meeressäuger* erhalten“.[100]

Trotz der Ausstiegsankündigung weist z.B. die *Thomas Cook*-Marke *Neckermann* auch für **2019** bei ihren Reiseangeboten noch auf *Sealanya* hin; auch wenn möglicherweise keine Ausflüge dorthin mehr direkt angeboten werden, wirbt das Unternehmen noch mit dem Wasserpark. Die *TUI* will *Sea World* und *Loro Parque* weiterhin im Angebot lassen (Stand 2018).

Seit vielen Jahren „eiern“ deutsche Reiseveranstalter also um dieses Thema herum und machen Zusagen, die sie dann doch nicht einhalten, sobald der öffentliche Druck nachlässt.

---

[100] Zitat aus → *https://www.loroparque.com/index.php/de/loro-parque-thomas-cook-ist-beeinflusst-von-aktivisten-deren-ziel-die-zerstoerung-von-zoos-ist* (Stand 1/2019).

Reisen kann erholsam sein und gesund halten bzw. machen, aber es kann auch **negative Auswirkungen auf die Psyche** des einzelnen Urlaubers haben. In hoch entwickelten Konsumgesellschaften herrscht ein regelrechter, objektiv vorhandener oder zumindest subjektiv empfundener **Reisezwang**: **Urlaub gilt als „Prestigegut"**, das man haben muss und mit dem man sich von anderen differenzieren kann. Die **gesellschaftliche Anerkennung** bleibt dem verwehrt, der die großen Sommerferien zu Hause auf „Balkonien" oder in unspektakulärer Weise verbracht hat. Bewundert (und beneidet) wird derjenige, der von seinen ausgefallenen, exotischen, besonderen, teuren und vermeintlich einzigartigen Reisen in ferne Länder berichten bzw. noch besser – dank dem stündlichen **Online-Posten sogenannter Selfies** – bei jeder Gelegenheit seine Fangemeinde live daran teilhaben lassen kann.[101] Spätestens nach der Heimkehr muss man den Erfolg seiner Reise mit tollen Fotos und einer einheitlichen Hautbräunung belegen.

Der **Freizeitstress** beginnt schon mit der oft **anstrengenden Anreise** in den Urlaub, durch den überbordenden Verkehr – die vielen sog. Individualtouristen stehen im kilometerlangen Pkw-Stau – oder die durch Wartezeiten **zerstückelte, hektische Anreisezeit** mit öffentlichen Verkehrsmitteln (z.B. Bus zum Zug, Zug zur Flughafenstadt, Straßenbahn zum Flughafen, Warteschlange und dann Hektik an der Gepäckaufgabe, Warteschlange und dann Hektik an der Sicherheitsüberprüfung, Warten am Gate/Check-in – und das Ganze wieder zurück). Fliegen mag – wenn man keine Flugangst hat – ja Spaß machen, aber das Drumherum dürfte kaum das Urlaubsvergnügen steigern.

Endlich am Reiseziel angekommen, zeigt sich das **Paradoxon der Massengesellschaft**: Die **Flucht aus der Masse** im engen deutschen Ballungsgebiet **führt wieder in die Masse am überfüllten Urlaubsort** (→ Kapitel 9.3 zum Overtourismus). Konflikte zwischen verschiedenen Touristengruppen, die unterschiedliche Freizeitaktivitäten in derselben Destination verfolgen, brechen auf. Der Kampf um die Liegen am Pool oder am Strand tut sein Übriges. Hinzu kommt der selbst auferlegte Stress, möglichst viel vom vorhandenen (ggf. Cluban-

---

[101] Lesenswert in diesem Zusammenhang: d'Eramo, Die Welt im Selfie.

lagen-All-inclusive-)Angebot im Urlaub zu nutzen. Dies führt zu einem **eingeschränkten Erholungswert** des Urlaubs. Kritische, demotivierende, frustrierende **Zwischenfälle** (wie schlechtes Wetter, Krankheit im Urlaub/Sonnenallergie/Sonnenbrand, Streit mit Mitreisenden etc.) verstärken den Urlaubsstress.

Schließlich kann **Urlaub** auch quasi **krank machen**.[102] Etliche Befunde weisen darauf hin, dass Menschen kurzfristige Belastungen z.B. im Berufsleben zwar erstaunlich gut verkraften, indem vermehrt Stresshormone wie Adrenalin und Kortisol ausgeschüttet werden. Doch werden sie danach leichter schwach und krank, wenn der Stress nachlässt. Der Körper war in der Stressphase bereit, „volle Kraft" zu geben; lässt der Stress danach nach, kommen die Beschwerden zum Vorschein. So erleben Menschen **Schmerzen und andere Einschränkungen** stärker gerade dann, wenn sie sich eigentlich **im Urlaub** entspannen und erholen wollen. Insofern macht Urlaub zwar nicht unmittelbar krank, aber er ermöglicht den Ausbruch von bislang im Stress unterdrückten Krankheitssymptomen.

Auch aufseiten der **Bereisten** in den Zielgebieten können sich soziale und individuell-psychologische Probleme zeigen. Diese entstehen besonders dann, wenn sich der durch die Touristen gezeigte Lebensstandard und Lebensstil deutlich vom üblichen Lebensstandard der einheimischen Bevölkerung unterscheidet. Es kann zu einer **Überfremdung (Gentrifizierung)** kommen, wenn die Zahl der Urlauber die der Wohnbevölkerung übersteigt. Die Einwohner fühlen sich dann fremdbestimmt und unterlegen. Dies führt zu **sozialen Spannungen**, die in Aggression – auch gegenüber den Touristen – ausufern können. Oder es kommt zu einer **Akkulturation** in Form einer **invertierten Assimilation**, indem die Einheimischen die Lebensstile und Konsumgewohnheiten der Gäste übernehmen (statt umgekehrt, wie es bei einer „normalen" Assimilation der Fall wäre), wodurch ihre eigene Kultur auf der Strecke bleibt oder nur noch inszeniert wird (s. Kapitel 5.1.). Wird der **lokale öffentliche Raum** mehr und mehr eingeschränkt und **globalisiert**, verlieren Städte eine wichtige kulturelle Ressource und am Ende ihre angestammte Kultur und ihr spezifisches Lebensgefühl. Die Stadt als **Lebensraum und sozialer Korpus wird mittels einer touristischen Monokultur zerstört**. Auch die Touristen haben dabei etwas zu verlieren, denn die Orte, die sie besuchen wollen,

---

[102] Vgl. Bartens, Urlaub krank; von Poser, Urlaub macht krank.

sind in ihrer Originalität letztlich gar nicht mehr vorhanden. Touristen fotografieren sich dann eher gegenseitig, als dass sie „echte“ Einwohner zu Gesicht bzw. vor die Kamera bekommen. Diese Gefahr der Gentrifizierung besteht vor allem angesichts des sog. **Overtourismus**.

8 Overtourismus als Ursache und Extrakt der Problemvielfalt

8.1 Zum Phänomen des Overtourismus – alter Wein in neuen Schläuchen?

In der Jahren 2017/2018 verging keine Tourismustagung, ohne dass der Neologismus **Overtourism** (eingedeutscht „Overtourismus“ oder „Übertourismus“) das Podium prägte.[103] Und auch die Publikumsmedien thematisierten dieses vermeintlich neue Phänomen mehr und mehr. Um was geht es dabei, und warum wird gerade jetzt diese „Sau durch das tourismuswirtschaftliche Dorf getrieben“?

Der „Übertourismus“ meint die **zeitweise Übervölkerung einer touristischen Destination durch zu viele Touristen** – wie auch immer „Destination“ und „zu viele“ definiert sein mag – und impliziert die damit verbundenen (und in den vorhergehenden Kapiteln angedeuteten) ökologischen, sozialen, kulturellen und wirtschaftlichen Probleme des Massentourismus. Wenn zu viele Touristen eine Destination geradezu überrennen, dann fühlen sich die einheimischen Einwohner überfremdet und von den Touristenmassen aus ihrem eigenen Lebensumfeld verdrängt. Touristische Hotspots sind **überfüllt**, die **Preise steigen** durch eine hohe Kaufkraft der Gäste, **Mieten** für Wohnungen und Ladenlokale **steigen**, **Wohnraum** wird als Ferienunterkunft **zweckentfremdet** (airbnb und andere Vermittlungsdienstleister freuen sich), die **Sozialstruktur** in den Stadtvierteln ändert sich, angestammte **Geschäfte** für Produkte des täglichen Bedarfs weichen Souvenir- und Fastfoodläden, die Kultur wird **überfremdet**, **ökologische Probleme** durch Müll, Abgase, Wasserverbrauch etc. werden verstärkt. Dabei ist das **Zuviel keine absolut definierbare Größe**, sondern dies ergibt sich **in Relation zu der Aufnahmekapazität einer Destination**: Fünf Kreuzfahrtschiffe, die gleichzeitig 20.000 Urlauber „ausspucken“, sind für Venedig zu viel; die gleiche Zahl ist für Miami (als weltgrößter Kreuzfahrthafen) hingegen ein Klacks.

---

103 So thematisiert auch der ITB-Kongress seit 2018 dieses Thema, insbesondere auf der ITB 2019. In der vorliegenden Publikation soll der eingedeutschte („denglische“ bzw. „engleutsche“) Begriff „Overtourismus“ genutzt werden.

Miami ist mit mehr als fünf Mio. Kreuzfahrttouristen pro Jahr (2018) der weltgrößte Kreuzfahrthafen, gefolgt von **Port Canaveral** und **Port Everglades** (bei Fort Lauderdale, ebenfalls Florida, ca. 4 Mio. Gäste). Diese Kreuzfahrthäfen profitieren insbes. von ihrer **Nähe zur Karibik**, in die viele Kreuzfahrten führen, sowie von der guten Erreichbarkeit über mehrere Flughäfen. Mehrere große Kreuzfahrtlinien, darunter Royal Carribean und Carnival Cruise Line, haben ihren Sitz in Miami. In Cape Canaveral schätzt die Hafenverwaltung, dass fast 22.000 Arbeitsplätze am Kreuzfahrt- und Frachtgeschäft hängen; in ganz Florida schafft die Kreuzfahrtindustrie nach Angaben des Branchenverbands Clia knapp 150.000 Jobs. Je nach Rechenart sogar noch deutlich mehr. So nimmt allein der Hafen von Miami für sich in Anspruch, für den Erhalt von ca. 324.000 Arbeitsplätzen verantwortlich zu sein, worunter aber auch Branchen gefasst werden, die indirekt vom Hafen profitieren.

Der größte europäische Kreuzfahrthafen, **Barcelona**, verbucht dem gegenüber „nur" ca. drei Mio. Passagiere jährlich (2018). **Venedig** verzeichnet knapp zwei Mio. Kreuzfahrtgäste.

Nun ist die Wahrnehmung dieser tourismusinduzierten **Problematik des Overtourismus keinesfalls neu**: Wie die einführenden Kapitel dieses Buches darlegen, wurde der „harte Tourismus" bereits in den 1980er-Jahre von Tourismusforschern kritisiert. 1992 erschien dazu mein Buch „Sanfter Tourismus" in der Erstauflage, und bereits rund 20 Jahre vor dem Aufkommen des Overtourismus-Begriffs wurden Urlauber in Indonesien von der aufgebrachten Bevölkerung mit Pfeil und Bogen „begrüßt" und wehrten sich die Mallorquiner gegen den Ausverkauf ihrer Insel. Auf jeden Fall nahm der „**Aufstand der Bereisten**" in Einzelfällen schon vor Jahrzehnten konkrete Formen an, aber er hat sich in den letzten Jahren noch verstärkt!

Verstärkt hat sich und akut geworden ist das Overtourismus-Problem durch eine **Überlagerung mehrerer Effekte** in bestimmten Destinationen:

- Das **Touristenaufkommen wächst**, insbesondere auch aus früher wenig relevanten Quellmärkten (z.B. aus Asien).
- Der **Individualtourismus**, insbesondere gefördert durch **Billigflüge** und **Privatunterkunftsangebote**, die z.B. durch den Marktführer ***airbnb*** vermittelt werden, führt in vielen Destinationen zu Problemen (z.B. Mietpreissteigerungen, Wohnungsknappheit).

- Der **Kreuzfahrttourismus** wuchs stark an und konzentriert sich auf bestimmte Hafenstädte, die i.d.R. für nur einen Tag angelaufen werden.
- Weitere **Tagestouristen** (Ausflügler) aus umliegenden Tourismusorten wollen für einen Tag die Hotspots besuchen und konzentrieren damit die Nachfrage auf wenige Sehenswürdigkeiten und ein bestimmtes Zeitfenster.
- Der **Wunsch** der für die Destinationen Verantwortlichen **nach wirtschaftlichem Wachstum**, oft ohne demokratische Abstimmung/Einbeziehung der lokalen Bevölkerung, teilweise inkl. Spekulation und Korruption, führt zu einem **unkontrollierten Immobilienbauboom**.
- Die rasche Bekanntmachung von (vermeintlich) unbedingt sehenswerten Hotspots dank der **sozialen Medien** (*Facebook* seit 2004, *YouTube* seit 2005, *WhatsApp* seit 2009, *Instagram* seit 2010, *Snapchat* seit 2011) und Filmen **(Film-/Drehort-Tourismus)** führt zu einer **plötzlich steigenden Nachfrage** nach räumlich begrenzten Reisedestinationen.

Seit etwa 2010 haben umfangreichere und nicht mehr übersehbare **Proteste** als **Reaktanz** gegen den Tourismus bzw. eine **touristische Übernutzung** auch für die deutsche Reiseveranstalterbranche so wichtige Destinationen wie **Mallorca** erreicht: „**Tourist go home!**" wurde im April 2016 – neben einem damals noch skandierten „Refugees welcome" – auf Häuserwände geschrieben. Die Presse berichtete ausführlich darüber – die Branche und ihre Gäste waren erschüttert. In **Venedig** tobte schon seit 2013 der „**Kampf um die Lagune**", indem Demonstranten der Protestbewegung *No Grandi Navi* mit medienwirksamen Aktionen gegen die zahlreichen Kreuzfahrtschiffe ins Felde – oder besser: ins Wasser – zogen. 2016 fanden sich in **Barcelona** Parolen auf den Straßen wie „your tourism kills my neighborhood", „Tourist! Respect or die!" und „Tourist go home".

Erste private Meldung zum Thema **#overtourism** lassen sich im Kurznachrichtendienst Twitter seit 2013 nachvollziehen, bis 2016 noch sehr vereinzelt. Doch erst **seit 2017** taucht dieser Neologismus „Overtourismus" vermehrt im deutschen Sprachgebrauch auf, und auch seit dieser Zeit häufen sich die Proteste – sei es in Venedig, Barcelona, Palma oder Dubrovnik **gegen die Kreuzfahrtschiffe**, sei es in Rom, Amsterdam oder auf Mallorca **gegen Zweckentfremdung von**

Wohnraum und **unangemessene Verhaltensweisen der Besuchermassen**, sei es generell durch die **Zunahme der weltweiten Touristenströme**, insbesondere der Individualtouristen, die die vermehrten Angebote von Billigfluggesellschaften und Privatvermietern (insbes. via *airbnb*) nutzen. Und dabei fangen Quellmärkte wie Indien oder China gerade erst an, ihre Urlauber in die weite Welt zu senden – die **Touristifizierung** der Welt wird also noch zunehmen. Das englische Wort „Overtourism" wird vor diesem Hintergrund zum eingedeutschten Schlagwort für eine Problematik, die hochdramatisch wirkt, jedoch keinesfalls neu ist.

Zudem muss man das Overtourismus-Phänomen relativieren: Es **betrifft nur einige touristische Hotspots** auf der Welt, oft nur **zu bestimmten Zeiten** (nur wenige haben das ganze Jahr über Hochsaison). So sind u.a. folgende Destinationen hinsichtlich ihres Overtourismus-Problems bekannt:

- **Venedig** (durch Kreuzfahrttourismus, Wohnraumzweckentfremdung („*airbnb*-Tourismus"), Tagestouristen; siehe vertiefend ⟶ Kapitel 8.2),
- **Mallorca** und speziell die Hauptstadt **Palma de Mallorca** (durch Kreuzfahrttourismus, Wohnraumzweckentfremdung („*airbnb*-Tourismus"), Zweitwohnungseigentümer, Kurzreisentourismus durch BilligAirlines, siehe vertiefend ⟶ Kapitel 8.3),
- **Barcelona** (durch Kreuzfahrttourismus, Wohnraumzweckentfremdung („*airbnb*-Tourismus"), Tagestouristen, Kurzreisentourismus durch Billig-Airlines),
- einige weitere spanische Städte wie **Bilbao**, **San Sebastian** oder **Madrid** (durch Wohnraumzweckentfremdung („*airbnb*-Tourismus")),
- **Dubrovnik** (durch Kreuzfahrttourismus, Tagestouristen; siehe vertiefend ⟶ Kapitel 8.2),
- **Amsterdam** (insbes. durch viele „Party- und Rotlichttouristen" unter den jährlich ca. 18 Mio. Touristen),
- einige Stadtteile von **Lissabon**, **Salzburg**, **Berlin** und **Hamburg** und anderer Städte; auch kleinere Orte wie **Hallstatt** im Salzkam-

mergut (das vor allem von asiatischen Touristen „überflutet“ wird[104]) oder **Passau** (das vom Flusskreuzfahrttourismus profitiert bzw. unter jährlich ca. 300.000 Kreuzfahrturlaubern leidet und in seiner Sozial- und Geschäftestruktur verändert wird),

Praxis | Gentrifizierung am Beispiel Lissabon

In Lissabon ist vor allem der Stadtteil Mouraria betroffen. Galt dieses ehemalige Maurenviertel Ende des 20. Jahrhunderts noch als Problemgebiet, so hat es sich zu einem beliebten Ausgehviertel verwandelt. Die touristisch bekannte Straßenbahnlinie 28E führt durch Mouraria. Viele ehemals günstige Wohnungen werden von Investoren oder Privatpersonen aufgekauft, renoviert und als Ferienwohnsitz genutzt. Dies führt zum Problem der sog. Gentrifizierung, also der Verdrängung der ursprünglich dort ansässigen Bevölkerung. Beim Prozess der Gentrifizierung wird unattraktiver, oft leerstehender Wohnraum zunächst von Aussteigern und „Kreativen“ (Künstler und Lebenskünstler) entdeckt und genutzt, wodurch ein Stadtgebiet zum „Szeneviertel“ wird, was in der Folge wohlhabende Interessenten (auch Finanzinvestoren) anzieht und zu steigenden Kauf- und Mietpreisen führt und somit nach und nach die noch ursprünglich verbliebenen Bewohner und deren angestammte Geschäfte des alltäglichen Bedarfs verdrängt.

- **Island** (seit 2016 vor allem durch die hohe Nachfrage durch asiatische Touristen).

Wissen | Island und die Touristenflut

Der kleine Inselstaat Island hat nur ca. 350.000 Einwohner und verbuchte 2018 mehr als zwei Mio. Touristen, davon ca. 2/3 im Winter. Je nach Saison kommen so fünf bis sieben Urlauber auf einen Einwohner.

---

104 Der kleine österreichische Ort Hallstadt mit knapp 800 Einwohnern wurde 2012 in China (Guangdong) in Teilen nachgebaut. Durch die anschließende Berichterstattung in den Medien nahm auch der Tourismus im Originalort einen starken Aufschwung.

Im Jahr 2000 kamen ca. 300.000 Touristen, 2008 waren es noch lediglich 500.000 Urlauber. Die Finanzkrise von Ende 2008 bis 2011 mit dem Zusammenbruch der großen Geschäftsbanken hat Island heute überwunden.

- In **Frankreich** kommt es sehr temporär und lokal beschränkt zu einem Overtourismus, weil viele Franzosen zeitgleich von Ende Juli bis Mitte August Urlaub machen. Der Badeort **Lacanau** beispielsweise, an der Atlantikküste, sieht elf Monate im Jahr eher verlassen aus. Die knapp 5.000 Einwohner leben dort friedlich vor sich hin, bis im August fast 200.000 Urlauber anreisen. Nur wenige Kilometer davon im Hinterland herrscht jedoch auch im Sommer beschauliche Stille, so z.B. im Weinbaugebiet des **Médoc**. In den Touristenzentren hingegen unterstützen mobile Einheiten der Polizei die lokalen Beamten, um der Urlaubermassen Herr zu werden.
- Einige **norwegische Fjorde** und dort angesiedelte kleine Orte (durch Kreuzfahrttourismus),
- einige Teilregionen und spezielle Sehenswürdigkeiten (wie z.B. die griechische Insel **Santorin**, der italienische **Gardasee**, der **Machu Picchu** in Peru oder der **Taj Mahal** in Indien),

Wissen | Gardasee und die Touristen aus aller Welt

Der Gardasee ist schon seit den 1960er-Jahren ein beliebtes Urlaubsziel der Deutschen, doch seit Mitte der 2010er-Jahre kommen auch mehr und mehr Chinesen, Russen und Menschen anderer Nationalitäten.

Circa 25 Mio. Übernachtungen jährlich verzeichnet die Region mittlerweile (2019). Hinzu kommen Tausende Tagesausflügler, die bekannte Städte am Gardasee wie Sirmione sehen wollen. Belastend wirken hier vor allem Kurzreisen durch das damit verbundene hohe Pkw-Verkehrsaufkommen. Wenngleich sich am Gardasee der Tourismus nicht nur in einer Stadt ballt, sondern auf viele Orte rund um den See verteilt, führt die große Nachfrage zu Abwasserproblemen, Luftbelastung und Flächenverbrauch. Gleichzeitig hat der Tourismus der bis in die 1960er Jahre noch armen Fischereiregion Wohlstand gebracht. Vgl. Britzelmeier, Gardasee.

- **zeitweise einzelne Orte** und Sehenswürdigkeiten, die – z.B. aufgrund einer plötzlichen erhöhten Aufmerksamkeit in den sog. **sozialen Medien** – zum Touristenmagnet werden, so z.B. der **Lago di Braies** (Pragser Wildsee) in Südtirol, Italien, nachdem 2018 zehn-Tausende Fotos auf Instagram publiziert wurden und aufgrund der „**Instagramability**" immer mehr Touristen dorthin wollten, so dass im Sommer 2018 sogar die Zufahrtsstraße gesperrt werden musste. Auch der Felsvorsprung **Trolltunga** in Norwegen ist so ein Ort, in dem die Besucherzahl von wenigen Hundert auf ca. 40.000 im Jahr 2014 stieg. Ähnlich erging es 2017 dem Schweizer **Verzasca-Tal** oder – seit 2015 nach einigen „must have seen"-Medienmeldungen – dem Schweizer **Berggasthof Aescher**. Solche kurzfristigen Hypes flauen jedoch meist nach einigen Monaten (oder Jahren) wieder ab.

Praxis | PR-Gag aus der Schweiz

Einen netten PR-Gag landete im Sommer 2017 der Schweizer Ferienort Bergün, der ein Fotografierverbot bekannt machte. Die Begründung für das Verbot: In sozialen Netzwerken veröffentliche Fotos von Urlaubern in Bergün könnten dazu führen, dass andere Menschen, die woanders unterwegs seien, unglücklich würden. Die Meldung wurde vielfach in diversen Medien verbreitet.

Innerhalb mancher Destinationen sind es dann wieder ganz **bestimmte Hotspots**, die besonders überlaufen sind, wie z.B. der **Markusplatz** in Venedig, die Promenadenstraße **La Rambla** in Barcelona, die **Altstadt** von Dubrovnik oder der **Piazza della Signoria** mit u.a. dem Palazzo Vecchio in Florenz. Dies verwundert nicht, **werben die Städte doch bevorzugt mit genau diesen Sehenswürdigkeiten**, so dass jeder Tourist bei seinem Stadtbesuch genau diese sehen möchte. Es gibt bereits „**Not-to-go-Listen**", die vom Besuch bestimmter Destinationen abraten. **Reiseveranstalter** sind alleine schon zur **Sicherung** ihrer **Produktqualität** gut beraten, ihre Gästegruppen **außerhalb von Stoßzeiten** zu solchen Sehenswürdigkeiten zu führen, den Aufenthalt in den überlaufenen **Stadtzentren** zu **kürzen** und das **Umland** in das Programm **stärker einzubeziehen**.

Doch selbst an diesen vom Overtourismus bedrohten touristischen Hotspots **manifestiert nur eine Bevölkerungsminderheit ihren Unmut** – während viele auch in den betroffenen Destinationen direkt und indirekt vom Tourismus wirtschaftlich profitieren und diesen begrüßen. Diejenigen, die vom Tourismus profitieren, leben aber oft nicht in den betroffenen, überlaufenen Stadtvierteln, und diejenigen, die an den Hotspots die Nachteile der touristischen Attraktivität ihres Wohngebiets spüren müssen, profitieren nicht unbedingt unmittelbar vom Tourismus. So kann es dazu kommen, dass **Gewinne** aus dem Tourismus **privatisiert**, die **negativen Folgen** desselben aber **sozialisiert** werden. In der Folge können die Belastungen des Besucheransturms einen Graben durch die Bevölkerung einer Destination ziehen und Konflikte hervorrufen. Tendenziell sind es auch eher die **älteren Einwohner**, die ihre Stadt noch ohne Massentourismus erlebt hatten und in unterschiedlichen Branchen tätig waren, die sich über diesen Massentourismus beschweren und sich gegen die Strukturveränderungen wehren; die jüngeren Einwohner begrüßen die „Weltoffenheit" ihrer Heimat und die vermehrten Arbeitsplätze im Tourismus eher. Der Massentourismus ist aber nun mal ein Effekt der **freiheitlichen Gesellschaftsordnung** in Europa. Dazu gehört die **Reisefreiheit** (ebenso wie die Freiheit der Demonstration gegen den Tourismus) – und das ist grundsätzlich auch gut so. Jeder will dorthin, wo es vermeintlich schön ist. Die Konsequenz ist dann aber eben das massenhafte Reisen. In der Folge sind nicht nur die Einwohner, sondern auch die **Touristen selbst Opfer der Attraktivität eines Ortes**.

Dies bewirkt einen ähnlichen **Effekt wie das Im-Stau-Stehen** auf der Autobahn: Man beschwert sich darüber und ist **unzufrieden**, ist **aber gleichzeitig** (beim Overtourismus sowohl als Gast als auch als direkt oder indirekt profitierender Einheimischer) **Teil davon** und Mitverursacher.

Die wenigsten Touristen wollen aber in einer verlassenen Gegend herumlaufen. Eine gewisse **angenehme Masse wirkt also durchaus anziehend**. Nur gibt es eben eine **kritische Schwelle, ab der es den meisten zu viel wird**. Die Besucherströme zu entzerren, funktioniert aber nur eingeschränkt. Familien in Europa sind nun einmal an die Ferienmonate im Sommer gebunden. **Saisonalität wird es immer geben**, in vielen Urlaubsregionen auch wegen des Wetters. Wer unbedingt in der Hochsaison besondere Hotspots besuchen will, muss seine Reise gut planen. Angemeldete Gruppen der Reiseveranstalter werden bei vielen Sehenswürdigkeiten z.B. schneller reingelassen. Und wer sich am Massentourismus wirklich stört, der wird immer Destinationen finden, die sich erholsam und besonders nachhaltig bereisen lassen. Meist treten sich die Touristen nur an wenigen Orten wirklich auf die Füße.

8.2 Venedig, Dubrovnik & Co und die Kreuzfahrtproblematik

Es gibt Menschen, die der Meinung sind, dass der Tourismus in Venedig der Stadt und seiner Bevölkerung mehr schade als nutze. Venedig, das war bereits in den 1960er-Jahren eines der Traumziele der Deutschen: Einmal den Markusplatz betreten und mit einer kleinen romantischen Gondel über die Kanäle schippern!

Daran hat sich nichts geändert. Schätzungen beziffern das **Touristenaufkommen** in Venedig auf ca. **10 Mio. Personen** für 2018; hinzu kommen noch ca. **20 Mio. Tagesgäste** jährlich, darunter pro Tag – je nach Schiffsanläufen – bis zu 30.000 Kreuzfahrttouristen. Genaue Zahlen sind mangels einer validen statistischen Erfassung nicht bekannt; insbesondere Tagesbesucher werden nicht erfasst. Auf der berühmten Insel der historischen Altstadt, dem touristischen Kern Venedigs, leben nur noch ca. **60.000 Einwohner**; zusammen mit den umliegenden Stadtteilen zählt Venedig ca. 260.000 Bürger. 1969 umfasste die Stadt noch ca. 360.000 Einwohner; 1951 lebten im historische Zentrum noch 174.000 Menschen. Das historische Zentrum der Stadt ist zwar nach wie vor schön, aber derart **von Touristen überlaufen**, dass es für Venezianer unzumutbar sei, sich dort aufzuhalten – sagen Tourismuskritiker. 1990 setzte der damalige Bürgermeister zur Sanierung der klammen Stadtkasse auf die **Privatisierung von Immobilien**, die in der Folge (mittels „Nutzungsänderung“) touristisch genutzt wurden. Noch im Jahr 2000 gab es z.B. im Dorsoduro-Stadtviertel bei der Accademia-Brücke mehrere Metzger, Gemüsehandlungen, Bäcker und Blumengeschäfte – diese waren schon im Jahr 2009 Souvenirläden und Fastfood-Ketten gewichen.[105] In der Folge wandern auch Berufszweige wie Lehrer, Rechtsanwälte oder IT-Spezialisten ab. Jedes Jahr verzeichnet Venedig etwa 1.000 Kreuzfahrtschiffanläufe. Manche der Schiffe sind mehr als 300 Meter lang, 40 Meter breit und 30 Stockwerke hoch. An manchen Tagen liegen mehr als zehn Ozeanriesen mit mehr als 30.000 Passagieren in Venedig vor Anker. Pro Jahr verbucht die Stadt so bis zu zwei Mio. Kreuzfahrtgäste. Zu viele Schiffe am falschen Ort, finden viele Bewohner. Der Sänger *Adriano Celentano* hatte sogar eine ganzseitige Anzeige der Lokalzeitung geschaltet, um gegen die „schändliche Parade“ der Kreuzfahrtschiffe zu protestieren. Möglicherweise aufgrund dieser Diskussion sowie aufgrund von Restriktionen (s.u.) ist die Zahl der Kreuzfahrttouristen in den Jahren 2013 bis 2017 wieder gesunken, von schätzungsweise 1,8 Mio. auf 1,4 Mio. Urlauber.

15 | Venedig in den 1960/1970er-Jahren. Der Verfasser (rechts) mit Mutter und Schwester 1971 im noch nicht so überfüllten Venedig.

---

[105] Vgl. Klüver, Venedig.

Die Schiffe setzen der ohnehin schon **bedrohten Lagune** und dem **sensiblen Ökosystem** zu. Die Lagune von Venedig war ursprünglich etwa einen Meter tief. Um sie für große Schiffe befahrbar zu machen, wurden die Kanäle auf eine Tiefe von bis zu elf Metern ausgebaggert. Das, so sagen Kritiker, sei mitverantwortlich für die regelmäßigen Wasserhochstände in Venedig. Die Schiffbewegungen und die durch sie verursachte große Wasserverdrängung **beschädigen auch die Fundamente** der Gebäude. Die Schiffe verdrängen beim Fahren das Wasser, drücken dieses gegen die Fundamente, und anschließend strömt das Wasser wieder zurück und destabilisiert so die Fundamente.

Wissen | Überschwemmungen in Venedig

So war Venedig im Oktober/November 2018 und November/Dezember 2019 von starken Überschwemmungen nach tagelangen Unwettern betroffen. Selbst in den Markusdom drang Wasser ein. Gründe sind starke Niederschläge, ein Anstieg des Meeresspiegels (durch den Klimawandel) und ein über Jahrhunderte kontinuierliches Absinken des Untergrunds der Stadt um einige Millimeter pro Jahr.

Direkter noch als das **Hochwasser** trifft die Bewohner Venedigs die **Luftverschmutzung** durch die Kreuzfahrtschiffe. Messungen ergaben an manchen Tagen bis zu 200.000 **Feinstaubpartikel** pro Kubikzentimeter Luft. Für die Hafenbehörde sind die Kreuzfahrtschiffe vor allem ein Mittel, um Geld in die Stadt zu holen. Subunternehmer, Zulieferer und die venezianische Wirtschaft profitierten von den vielen Touristen, die täglich angeschifft werden. Kritiker jedoch berechnen, dass die **Kosten für Umweltschäden** bei Stadt und Bevölkerung die Einnahmen bei Weitem übersteigen. Die Touristen ließen oft mehr **Müll** als Geld in Venedig.

Wissen | Feinstaubbelastung im Vergleich

In Räumen mit vielen Menschen (z.B. Messehallen mit Teppichabrieb) ergeben sich Werte von bis zu 10.000 Partikel je Kubikzentimeter Luft, an einer vielbefahrenen Straße ca. 20.000.

In Stuttgart liegen die Werte selbst am vielbefahrenen Neckartor an einem Tag mit Feinstaubalarm unter 10.000 (hinzu kommen Belastungen durch andere Schadstoffe). Auf Kreuzfahrtschiffen selbst lassen sich – je nach Position auf dem Schiff, z.B. hinter dem Schornstein – bis zu 450.000 Partikel messen. Selbst in den Schiffskabinen lassen sich Werte bis 70.000 nachweisen – wobei nicht ausgesagt ist, welche Stoffe sich in der Kabinenluft befinden. AIDA z.B. betont, dass alle für Kreuzfahrtschiffe vorgeschriebenen Standards und Grenzwerte für Emissionen eingehalten werden (wobei es für Feinstaub gar keine offiziellen Grenzwerte gibt).

2014 hatte die *UNESCO* zum ersten Mal gewarnt, man werde Venedig auf die Liste der „gefährdeten" Stätten des Weltkulturerbes setzen oder sogar den Status entziehen, falls man sich dort nicht intensiver um den Erhalt der Stadt und der Lagune kümmere. So manifestierte sich im August 2016 der **Protest** gegen den Overtourismus in Venedig. Damals riefen in der Stadt verteilte Plakate und Flugblätter von Aktivisten die Touristen dazu auf, Venedig zu verlassen: „Tourists go away! You are destroying this area." Bereits in den Jahren davor demonstrierte die Bürgerbewegung ***No Grandi Navi*** insbesondere gegen die Tagestouristen der Kreuzfahrtschiffe. Die Protestbewegung macht immer wieder mit spektakulären Aktionen, u.a. Sperren des Zufahrtskanals Giudecca durch Schwimmer und kleine Boote, auf sich aufmerksam.

Im November 2013 beschloss Venedig dann, die Kreuzfahrt-Riesen zu verbannen: Von November 2014 an sollten keine Schiffe, die mehr als 96.000 Bruttoraumzahl[106] groß sind, durch den Giudecca-Kanal zu den Kreuzfahrt-Terminals von Venedig fahren dürfen. Im März 2014 aber untersagte ein Gericht das Zufahrtsverbot. Daraufhin kam es im August 2014 zu einer neuen gesetzlichen Regelung des Zufahrtverbots, nach der seit 1.1.2015 Schiffe ab 96.000 Tonnen nicht mehr durch den Giudecca-Kanal fahren dürfen; stattdessen soll aber ein neuer Zufahrtskanal gebaut werden. Sehr große Kreuzfahrtschiffe sollen ab

---

106 Bruttoraumzahl = BRZ = Maß für die Größe eines Schiffes, das die früher übliche Maßeinheit Bruttoregistertonnen ersetzt. Die kleineren AIDA-Schiffe (z.B. AIDAdiva, AIDAbella) haben ca. 69.000 BRZ, die AIDAnova z.B. hat ca. 184.000 BRZ.

2019 am Festland im Industriehafen *Marghera* anlegen; der dort geplante **Ersatzhafen speziell für Kreuzfahrtschiffe** soll erst ca. 2020 fertiggestellt sein.

Droht Venedig ein Freiluftmuseum, eine Art **Freizeitpark für Touristen** zu werden, der den ursprünglichen **Einwohnern keine Heimat** mehr bietet? Doch was wäre aus der Stadt geworden, wäre sie nicht so sehr vom Tourismus nachgefragt? Wie in vielen Tourismus-Hotspots ist das **Überschreiten einer kritischen Besuchermasse** das Problem.

Ähnlich wie Venedig leidet **Dubrovnik**, Kroatien, unter seiner Popularität gerade bei Kreuzfahrttouristen. 1,2 Mio. Ankünfte und mehr als vier Mio. Übernachtungen zählte Dubrovnik 2017; hinzu kommen mehr als 700.000 **Kreuzfahrttouristen**, die ja auf ihrem Schiff übernachten, sowie zahlreiche **Tagesausflügler**, die mit Dutzenden von Bussen oder Privat-Pkw/Mietwagen z.B. aus anderen kroatischen Küstenorten oder Montenegro kommen.[107] Insgesamt rechnete die Stadt für 2018 mit ca. 740.000 Touristen aus 440 Kreuzfahrtschiffanläufen, welche erheblich zu den Einnahmen der Stadt beitragen. 80 % der Einheimischen leben vom Tourismus. Nach dem jugoslawischen Bürgerkrieg konnte sich keiner vorstellen, dass die Touristen je wiederkehren würden. Allein am Nikolaustag 1991 schossen die Serben 600 Granaten auf die Altstadt. 1996 zerstörte ein schweres Erdbeben Teile der Stadt. Noch Anfang der 2000er-Jahre waren die Schäden von Krieg und Naturkatastrophe teils nur notdürftig behoben. So wird verständlich, dass man in Dubrovnik zunächst um jeden Gast froh war und dann den Aufschwung nicht bremsen wollte. Der Tourismus ballt sich nun vor allem in dem nur ca. 400 x 300 Meter großen **Altstadtbereich**, in dem nur noch ca. 1.000 Einwohner leben und der mit ca. 7.000 Menschen schon voll ausgefüllt ist (bzw. wäre, denn an manchen Tagen kommen mehr als doppelt so viele). Solche **mittelalterlichen Bezirke** wurden vor Jahrhunderten für weitaus weniger Menschen erbaut, als sie heute zu Tausenden als Besucher in diese hineinstürmen.[108] Die Altstadt hat nur drei Ein-/Ausgänge, was auch **Sicherheitsprobleme** mit sich bringen kann. Besonders populär wurde

---

[107] Vgl. Birkner/Krane, Dubrovnik, sowie Temsch, Dubrovik.

[108] Dies gilt analog auch für viele andere berühmte Altstädte, wie z.B. Carcassonne in Südfrankreich, Sarlat im Périgord, den Mont Saint-Michel zwischen Bretagne und Normandie etc.

Dubrovnik, als es als **Drehort für die Fernsehserie Game of Thrones** (seit 2011) und die Filme **Star Wars** VIII: Die letzten Jedi (2017) und **Robin Hood** (2017) diente. **Einwohner beklagen**, dass Geschäfte des täglichen Bedarfs den Souvenirläden weichen, dass reiche Ausländer Häuser kaufen, dass die private Vermietung von Ferienappartments die Mieten steigen lässt und dass sie als Einheimische keinen freien Zugang mehr zum Meer haben; hinzu kommen Lärm, Dreck und Verkehrschaos. Daher werden auch in Dubrovnik Maßnahmen zur **Kapazitätsbeschränkung** ergriffen.

Doch nicht nur in der Lagunenstadt und anderen Mittelmeerstädten wächst der Widerstand gegen die Kreuzfahrer, sondern z.B. auch in **Norwegen**. Das Land mit seinen zahlreichen Fjorden ist für Kreuzfahrttouristen eine besondere Attraktion. Aufgrund der hohen Berge, die die Fjorde umgeben, können die Schiffsabgase nur schwer abziehen. So belasten hier zwar keine Fabriken die Luft, dafür aber die Kreuzfahrtschiffe und (Touristen-)Fähren. Staatliche Forschungsinstitute wie das *Institut Teknologi Sepuluh Nopember* und das *Western Norway Research Institute* in Sogndal haben die Luftsituation und die Auswirkungen in den norwegischen Fjorden untersucht. Zudem strömen Menschenmassen aus den Schiffen in die kleinen Dörfer mit nur wenigen Hundert Einwohnern wie z.B. **Flåm** am Aurlandsfjords. Diese leben fast alle vom Kreuzfahrttourismus. Untersuchungen der *Universität Bergen*, Norwegen, zeigen jedoch, dass Kreuzfahrttouristen pro Person deutlich weniger Geld in den angelaufenen Orten ausgeben als z.B. Wohnmobiltouristen oder Backpacker.[109]

Ein Kreuzfahrtanbieter beschreibt den **Flåm-Ausflug** wie folgt:

„Märchenhafte Aussichten:

Um nach **Flåm** zu gelangen, steuert ihr MSC Kreuzfahrtschiff direkt in den **Sognefjord**, den längsten der vielen hundert norwegischen Fjorde. Mit einer Länge von über 204 km und 1308 m Tiefe, ist er ein rekordbrechender Fjord, in dem Ihr Schiff Richtung Süden fahren wird, um das südliche Ende des **Aurlandsfjords** zu erreichen. An diesem Punkt Ihrer MSC-Nordeuropa-Kreuzfahrt werden Sie Flåm sehen, gebettet zwischen den dichten Wäldern der Berge, die bis zum Him-

[109] Siehe die Studien von Svein Larsen, Universität Bergen, 2013, die ca. 66 EUR pro Kreuzfahrttagesgast und Landbesuch an Ausgaben ermittelten. Die Studien zeigen auch, dass Kreuzfahrttouristen kaum daran interessiert sind, für einen längeren Landaufenthalt nach Norwegen zurückzukehren. Der „Appetizer-Effekt" ist also eher gering.

mel reichen.“ [110] Dass während der Liegezeit im Fjord die Motoren des Kreuzfahrtschiffes ununterbrochen laufen müssen, bleibt jedoch unerwähnt.

Hamburg profitiert nach eigenen Angaben sehr vom Kreuzfahrttourismus. Pro Kreuzfahrttourist sollen mehr als 500 EUR an Umsatz für die Hansestadt generiert werden, insgesamt ca. 270 Mio. EUR pro Jahr. Die zugrundeliegenden Studien der *Hamburger Handelskammer* berücksichtigen jedoch vielfältige positive Effekte, Einnahmen durch Festveranstaltungen etc. Mit diesen Zahlen rechtfertigt die Politik der Stadt, dass die Kosten für Terminals inkl. **Landstromanschlüssen** zum Teil vom Steuerzahler mitfinanziert werden. Allerdings gibt es in Hamburg bislang (2018) nur ein Kreuzfahrtterminal mit Landstromanschluss. Seit September 2018 ist **Kristiansand** in Norwegen das zweite europäische Terminal, das Schiffe während ihres Aufenthalts im Hafen mit Landstrom versorgen kann. Für die *Color Line*-Fähren gibt es in **Oslo** einen Landstromanschluss. Pläne für solche Stromanschlüsse existieren auch in Kiel, Rostock/Warnemünde oder Livorno. In den USA und Kanada gibt es weitere Häfen mit Landstromversorgung der Schiffe. Da die **Investitionen sehr hoch** sind, scheuen viele Häfen davor zurück. Zudem machen Landstromanschlüsse letztlich nur dann Sinn, wenn der **Strom aus erneuerbaren Energiequellen** bezogen wird; würde er von Hamburg & Co. hingegen aus deutschen Braunkohlekraftwerken bezogen, würde das ökologische Problem nur verlagert werden.

8.3 Overtourismus auf Mallorca

Statistiken weisen aktuell ca. 10 Mio. Ankünfte internationaler Gäste (Incoming-Tourismus nach Mallorca) aus; hinzu kommen spanische Urlauber sowie solche, die nicht vollumfänglich erfasst werden (können). Die Deutschen machen einen Großteil der Mallorca-Touristen aus. Auf Mallorca leben ca. **900.000 Einwohner**, davon ca. 400.000 in der Hauptstadt Palma – und pro Jahr besuchen ca. **14 Mio. Urlauber** die Insel. Sie kommen aus allen Kanälen und Wegen auf Mallorca zu. Urlauber in den ca. 300.000 (registrierten) **Gästebetten**, Urlauber in **Privatwohnungen** (v.a. via *airbnb*), Urlauber mit **Zweitwohnsitz** sowie **Kreuzfahrttouristen** „überschwemmen“ in den Sommermona-

---

[110] Siehe → *www.msc-kreuzfahrten.de/de-de/Kreuzfahrt-Reiseziele/Nordeuropa/Nor wegen/Flam.aspx* (Stand 11/2018).

ten die Insel. Wohnraum wird knapp und teuer, Menschenmassen und Mietwagen verstopfen die Straßen. Der Flughafen von Mallorca wird von der Regierung in Madrid kontrolliert – nicht von den Mallorquinern selbst; der Hafen in Palma wird hingegen von der Hafenbehörde der Balearen verwaltet. Circa 350 Kreuzfahrtschiffankünften wurden 2018 für die Balearen insgesamt gemeldet; andere Quellen sprechen für 2018 sogar von knapp 600 Schiffen, die alleine im Hafen von Palma festmachen und fast 1,8 Mio. Passagiere jährlich für einen Tagesbesuch auf der Insel „ausspucken". [111] Hinzu kommen ca. 750.000 Urlauber, die ihre Kreuzfahrt mit einem Hotelaufenthalt kombinieren, da ihre Seereise in Palma begann oder endete. In allen Häfen der Balearen wurden 2018 ca. 2,2 Mio. Kreuzfahrtgäste gezählt. An einem Tag im August 2016 sollen, Statistiken zufolge, erstmals 1,5 Mio. Menschen gleichzeitig auf Mallorca gewesen sein. Im August 2017 lagen **zeitgleich fünf große Kreuzfahrtschiffe** (*Mein Schiff 5, TUI Discovery, Aida Perla, Norwegian Epic, Saga Pearl II*) mit einer Kapazität von ca. **20.000 Passagieren** im Hafen von Palma; ebenso war es im April 2018 mit einer Gesamtkapazität von ca. 11.000 Passagieren (*Mein Schiff 1, Aida Aura, Costa Mediterránea, Costa Victoria, MSC Orchestra*). Die Menschenzahl in Palma steigt somit alleine durch die Kreuzfahrttagestouristen an einem Tag um ca. 5 % an – konzentriert auf den Kernbereich der Stadt. Diese zahlreichen **Kreuzfahrtgäste schaffen eine neue Form und Dimension des Tagestourismus**. Orte wie Palma hegen die Hoffnung, dass diese Tagesbesuche dazu dienen, eine neue Destination erstmals kennenzulernen, um später für einen längeren Aufenthalt wiederzukommen. Studien zeigen jedoch, dass dieser **„Appetizer-Effekt" gering** ist.

Auch der **Zweitwohnungstourismus** belastet die Insel. Zahlreiche Ausländer, auch Deutsche, haben eine Wohnung oder ein Haus für Ferienzwecke erworben. Zweitwohnungseigentümer sind aber meist nur wenige Wochen im Jahr vor Ort und oft nicht in die lokale Gesellschaft integriert, so dass sie nur wenig zu deren Entwicklung beitragen. Es kann zu einer **Gentrifizierung** durch die Zugezogenen kommen (siehe dazu auch → Kapitel 7). Die ursprüngliche dörfliche Struktur und das soziale Miteinander gehen verloren. Dies führt auch zu einer **Verödung und Vereinsamung der Region in den Nicht-Saisonmonaten** (i.d.R. im Winter), wenn die Immobilien der Zweit-

---

[111] Vgl. o.V., Kreuzfahrt Mallorca.

wohnungseigentümer ungenutzt leer stehen. Dadurch sowie durch touristische (teilweise auch illegale) Vermietung von Privatwohnungen kommt es zu einer **prekären Wohnsituation**.

Seit Juli 2018 gibt es auf Mallorca eine neue Regelung, die die **Zweckentfremdung von Wohnraum** insbes. in der Hauptstadt Palma limitieren soll, da Wohnraum dort knapp wurde und die Mieten in den letzten Jahren stark gestiegen sind. Schätzungen gehen für Palma de Mallorca von ca. 20.000 **privat vermieteten Ferienunterkünften** aus, bei insgesamt ca. 180.000 Wohneinheiten. Für die Vermieter sind die durch die **touristischen Vermietungen erzielbaren Einnahmen wesentlich höher** als bei einer Dauervermietung. Viele alteingesessene Einwohner können sich die gestiegenen Mieten nicht mehr leisten, kleine Lebensmittelgeschäfte mussten Bars und Boutiquen weichen. In Palma – so wie auch in Barcelona oder Dubrovnik – hat sich die **Sozialstruktur ganzer Stadtteile geändert**; durch weniger Einwohner entgehen der Stadt auch Steuereinnahmen. Bereits vor 2018 gab es den Versuch, mittel der Auflage einer Lizenzierung die Zahl der privaten Ferienwohnungsanbieter zu begrenzen – ohne Erfolg. Offiziell als Ferienwohnung lizenziert sind nämlich nur wenige Hundert Unterkünfte. Wegen illegaler Vermietung sowie der Vermittlung solcher Unterkünfte mussten ***airbnb*** und *Tripadvisor* im Februar 2018 schon **Bußgelder** über jeweils 300.000 Euro entrichten.

Die öffentliche Diskussion um *airbnb* & Co. steigert aber auch deren Bekanntheit. Alles, was per Gesetz geschützt wird, bekommt dadurch noch **mehr Aufmerksamkeit** und wird interessant für Touristen. So gehört beispielsweise die **Serra de Tramuntana** im Nordwesten Mallorcas seit 2011 zum *UNESCO*-Weltnaturerbe. Seitdem wollen noch mehr Menschen diese Region besuchen.

Wissen | Übereinkommen zum Schutz des Kultur- und Naturerbes der Welt

Das UNESCO-Welterbekomitee repräsentiert ca. 190 Staaten, die seit 1972 ein Übereinkommen zum Schutz des Kultur- und Naturerbes der Welt unterzeichnet haben. Einmal jährlich tagt das Gremium, um u.a. zu beschließen, welche Kultur- oder Naturstätten in die Liste des Welterbes aufgenommen werden.

Um als Weltnaturerbe aufgenommen zu werden, müssen Bewerber (z.B. Naturgebiete, Orte, Gebäude) bestimmte Kriterien erfüllen. Die Liste umfasst 2018 ca. 1.100 Einträge, darunter ca. 200 Naturgüter wie die Galapagos-Inseln, das australische Great Barrier Reef oder Teile des Wattenmeers. Besonders bedrohte Stätten werden gekennzeichnet.

Seit 2019 will Mallorca das **Mietwagenproblem** in Angriff nehmen: In der Hochsaison sind auf den Straßen der Insel bis zu 100.000 Mietwagen unterwegs; sie überlasten die Infrastruktur und belasten die Umwelt. Geplant ist eine Steuer pro Mietwagen, in der Höhe abhängig vom CO_2-Ausstoß des Autos. Auch der Mangel an Parkplätzen z.B. in Palma ärgert die Einwohner (ebenso wie die Touristen); die Bußgelder für Falschparker sollen erhöht werden.

Die Lieblingsinsel der Deutschen leidet seit vielen Jahren unter dem Ansturm speziell der **Partytouristen**. Bereits 2014 wurde das „Eimersaufen“ auf der Playa de Palma verboten; ein neuer Bußgeldkatalog sollte als Abschreckung dienen.

Wie eingangs berichtet, manifestieren sich seit etwa 2010 Proteste gegen den Tourismus auf Mallorca. „**Tourist go home!**“ wurde – neben einem damals, zum Höhepunkt der Flüchtlingskrise in Europa, noch skandierten „Refugees welcome“ – im April 2016 auf Häuserwände geschrieben. Die (deutsche) Presse zeigte dies ausführlich – die Tourismusbranche und ihre Gäste waren erschüttert. Im Mai 2017 berichteten zahlreiche Medien, auch in Deutschland, über eine **Anti-Tourismus-Demonstration von Einheimischen** in Palma de Mallorca. Dem Aufruf der Bürgerinitiative *Ciutat per a qui l'habita, no per a qui la visita*, („Stadt für die Bewohner, nicht für die Besucher“) folgen zwar nur etwa 200 Einwohner, doch wies die Aktion auf die Probleme der Stadt mit dem Tourismus hin. Weitere Demonstrationen, z.B. im September 2017, folgten und versammelten mehrere Tausend Teilnehmer.

Demonstranten der linken **Aktivistengruppe *Arran*** stürmten im Sommer 2017 den Hafen von Palma und skandierten „Touristen töten Mallorca“. Weitere Aktionen folgten. Diejenigen Mallorquiner, die vom Tourismus profitieren, sahen dies als einen naiven und schädlichen Protest, der die Arbeitsplätze gefährdet. Auch die Organisation

Amics de la Terra protestierte wiederholt gegen Massentourismus und Kreuzfahrtschiffe auf Mallorca.

Es zeigt sich der Zwiespalt einer überlaufenen touristischen Destination: Man will zwar das Geld der Touristen, aber nicht die Touristen selbst. Müssen die Urlauber denn unbedingt ihr Geld persönlich in die Destination bringen?

Overtourismus belastet Mallorca, so wie bei vielen anderen Destinationen, jedoch **nur in der Sommersaison**. Im Dezember 2017 reisten lediglich knapp 50.000 deutsche Touristen nach Mallorca, während es im Juli 2018 mit ca. 650.000 Deutschen mehr als zehnmal so viele waren.[112] Von Mai bis Oktober 2018 besuchten fast vier Mio. deutsche Urlauber die Insel, von November 2017 bis April 2018 waren es lediglich 900.000. Bezogen auf Pauschalreisende liegt der Anteil der Winterurlauber sogar noch unter 10 %. Nur ca. 10 % der mallorquinischen Hotels haben im Winter durchgängig geöffnet, die meisten davon in der Hauptstadt Palma sowie Golfhotels. Aus den Veranstaltersortimenten sind nur maximal 50 % der Mallorca-Unterkünfte auch im Winter buchbar. **Mallorca möchte daher durchaus noch mehr Tourismus – nur eben bezogen auf die Wintermonate.** Angestrebt wird so eine bessere **saisonale Entzerrung**.

---

112 Vgl. Wilkens, Mallorca im Winter.

9 Sprücheklopfer und Selfie-Touristen statt Nachhaltigkeit

9.1 Welche Werte sind uns wichtig?

Wie sehen die Nachfrager, also die deutschen Urlauber, die vorgenannten Probleme? Wünschen oder buchen sie gar nachhaltige Reiseangebote? Welche Werthaltungen zeigen sie bei ihrer Nachfrage nach Urlaubsreisen?

Die in Wertewandelstudien immer wieder festgestellte Tendenz zum Zuwachs von Selbstentfaltungswerten hat eine besonders große Relevanz für den Freizeitbereich. Nicht nur im Arbeitsleben, sondern gerade auch in der Freizeit streben die Bundesbürger nach Selbstverwirklichung. Seit den 1980er-Jahren zeigte sich eine tendenzielle Verschiebung von Werterfüllungserwartungen in den **Lebensbereich Freizeit**. Wurde die Freizeit früher als Gegenwelt zum Arbeitsleben gesehen, die eine Regenerationsphase darstellt, so bildet sie heute für viele Bundesbürger einen eigenständigen Lebensbereich, der primär **der Selbstentfaltung dient**. Die Entwicklung ging dabei von der erholungsorientierten Freizeit der 50er-Jahre über die konsumorientierte Phase der 70er-Jahre zur **erlebnisorientierten Phase** der 80er- und 90er-Jahre des letzten Jahrhunderts. Sehen manche seit den 2000er-Jahren eine **sinnsuchende Gesellschaft**, die sich in ihrer Erwartung bzw. Hoffnung zu einer **Nachhaltigkeitsgesellschaft** entwickelt, so zeigt sich jedoch vielfach eine eher **oberflächliche Inszenierungsgesellschaft**, der das gepostete „Selfie" wichtiger ist als das wahre Erleben. Indikatoren und Ausdruck dieser gesellschaftlichen Entwicklungen sind zum einen die jeweiligen **Fernsehserien** ihrer Zeit, zum anderen die typischen **Urlaubsformen** der jeweiligen Gesellschaftsphase.

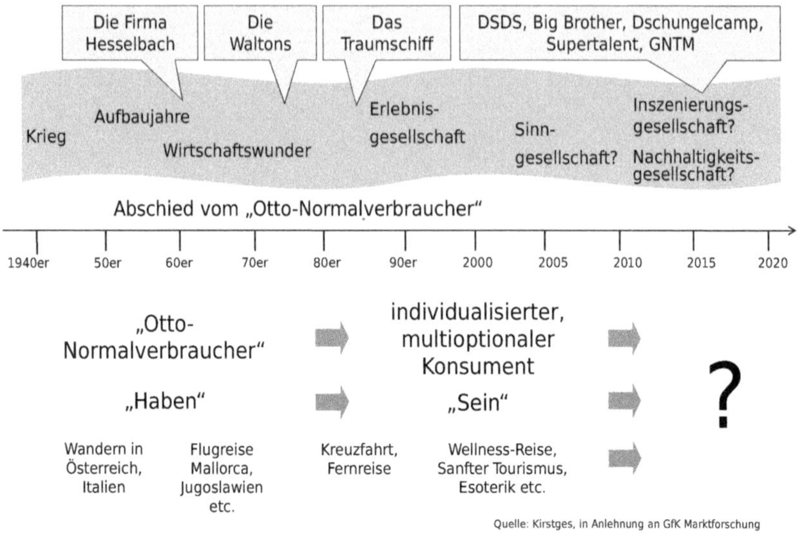

16 | Zentrale Linien der gesellschaftlichen Entwicklung in Deutschland

Das gesellschaftspolitische Problembewusstsein der Bundesbürger hat sich in den letzten drei Jahrzehnten auf einem relativ hohen Niveau stabilisiert. Der **gesellschaftliche Wert „Umwelterhaltung/Umwelt- und Klimaschutz"** nimmt dabei seit Jahren einen hohen Rangplatz im gesellschaftsbezogenen Wertesystem ein.[113] Im internationalen Vergleich ist den Bundesbürgern ein sehr ausgeprägtes Umweltbewusstsein zu bescheinigen.

Umweltbewusstsein ist erforderlich, um die Menschen dafür zu gewinnen, die mit einem aussichtsreichen Umweltschutz verbundenen Opfer **zu Lasten anderer Bedürfnisse** zu akzeptieren und sich auch persönlich umweltgerecht zu verhalten. Zum Umweltbewusstsein gehören

- ein ausreichender Einblick in die gegenwärtige **Umweltkrise**,
- die Kenntnis der wichtigsten **Zusammenhänge** zwischen menschlichem Verhalten und den Folgen für die Umwelt (Ökologie) sowie der wichtigsten gesetzlichen Bestimmungen im Umweltrecht und

---

113 Vgl. vertiefend Raffée/Wiedmann, Wertewandel, S. 204-205. Laut der Studie „Umweltbewusstsein in Deutschland 2016" des BMUB liegen Umwelt- und Klimaschutz auf dem dritten Rang nach „Zuwanderung/Migration" und „Kriminalität/Frieden/Sicherheit".

- die Bejahung der ethischen Verantwortung für die Umwelt (**Umwelt-Ethik**).[114] „Ein Gleichgewicht mit der ... Natur wird es deshalb dauerhaft ... nur geben können, wenn es gleichzeitig einen **ethisch begründeten Verzicht auf Nutzenerzeugung** zwecks Schonung von Ressourcen zugunsten der künftigen Generationen gibt."[115]

Das *Bundesministerium für Umwelt, Naturschutz, Bau und Reaktorsicherheit (BMUB)* untersucht regelmäßig das **Umweltbewusstsein in Deutschland**, indem ein Marktforschungsinstitut (*forsa Politik- und Sozialforschung GmbH*) mit einer repräsentativen Bevölkerungsbefragung zu diesem Themenkomplex beauftragt wird. Die Untersuchungen bestätigen die Aussage, dass eine **intakte Natur wichtig** für ein gutes Leben ist. Fast ebenso hoch ist die Zustimmung zur Aussage, dass **jeder Einzelne Verantwortung** für lebenswerte Umweltbedingungen trägt. Das Vertrauen in die Marktkräfte zur Regelung der Umweltprobleme ist hingegen gering.

Im Rahmen des **Trends zur Natürlichkeit und Echtheit** werden auf Urlaubsreisen besonders „Strandwüsten" aus Sand und Beton kritisiert. Gemäß dem Forschungsbericht „Nachfrage für nachhaltigen Tourismus" zur *FUR-Reiseanalyse* 2013 **wünschen sich 31 %** der Deutschen einen ökologisch verträglichen, ressourcenschonenden und **umweltfreundlichen Urlaub**; 38 % wünschen sich einen möglichst sozialverträglichen Urlaub.

9.2 Diskrepanz zwischen verbal-ideeller Werteebene und realem Verhalten

Die **zunehmende Sensibilisierung gegenüber dem Umweltschutz findet allerdings nur sehr langsam beim Reiseverhalten ihren Niederschlag.** Geringer als die Einsicht in die Notwendigkeit von Maßnahmen zum Schutz der Umwelt ist nämlich die tatsächliche Bereitschaft zum eigenen Engagement und zu **persönlichen Einschränkungen der finanziellen Situation und des eigenen Lebensstandards**. Der Aussage, sich häufig für soziale oder ökologische Fragen zu engagieren, stimmten auch in der *BMUB*-Studie 2016 nur

---

114 Vgl. Teutsch, Umweltethik, S. 105.

115 Behrens, Ökologische Nachhaltigkeit, S. 3. Vgl. vertiefend auch Behrens, Ethische Probleme.

9 % der Befragten voll und ganz zu (42 % „voll und ganz“ oder „eher“) – wobei gerade bei solchen Aussagen aufgrund der sozialen Erwünschtheit der Antwort immer von einer **Diskrepanz zwischen verbal-ideellem und tatsächlichem Verhalten** auszugehen ist. Insbesondere im Freizeit- und Urlaubsbereich hat das Umweltbewusstsein noch nicht zu einem auf das eigene Verhalten bezogenen Problembewusstsein sowie zu einer grundlegenden Verhaltensänderung geführt.

So **berichten Reisebüromitarbeiter** auch 2007 und nahezu gleichlautend 2014, dass ihre **Kunden sich kaum für das Thema Umwelt interessieren**:[116] „Das Interesse ist [...] erschreckend gering. Eher wird bemängelt, dass im [...] Katalog die Bilder so schlecht sind, als dass man gutheißt, dass der Katalog zu 100 % aus Altpapier gemacht ist“; „[...] **niemand reist, um die Umwelt zu schonen**. Und auch mehr zahlen will keiner“; „Unsere Kunden kaufen zu 80 % über den Preis“; „Die Umweltverträglichkeit ist ein aktuelles Thema der Politik, aber weniger der Menschen“; „[...] von Kundenseite nach wie vor kein Interesse. [...] Umweltschutz und Nachhaltigkeit werden als Nebensache aufgefasst“; „Das Thema ist bei den Kunden noch nicht richtig ... angekommen. [...] Entscheidungsgrundlagen für eine Buchung sind das sicher nicht“; „[...] bei unseren Kunden keine Rolle“; „Den Kunden ist das Thema Nachhaltigkeit relativ egal.“

Im **Reiseentscheidungsprozess** ist die Nachhaltigkeit des Angebots bzw. des Anbieters also allenfalls ein nettes Add-on, ein eher unbedeutendes zusätzliches Buchungsargument, aber **kein unmittelbares Verkaufsargument**. Es zeigt sich die (noch) **starke Diskrepanz zwischen der verbal-ideellen Ebene und der Verhaltensebene ökologieorientierter Werte**. Diese Inkonsistenzen lassen Folgendes erkennen: Die Umsetzung eines neuen, durch die Veränderung gesellschaftlicher Leitbilder geformten Bewusstseins in neues Handeln beim Einzelnen erfolgt gerade im Freizeit- und Urlaubsbereich über einen sehr langwierigen Prozess. Begrenzt wird die Einsicht zur Notwendigkeit umweltorientierten Handelns besonders durch eine **geringe Bereitschaft zu persönlichen Opfern**. Speziell zwischen einem starken Umweltbewusstsein und einem aktiven Umweltengagement liegt immer noch ein tiefer Graben.

---

[116] Zitate von Reisebüromitarbeitern entnommen aus Touristik Aktuell vom 5.3.2007, S. 6, und Touristik Aktuell vom 8.9.2014, S. 4.

So ist die **Bereitschaft der Urlauber**, freiwillig Kompensationszahlungen zum Ausgleich von CO_2-Emissionen bei Flügen zu leisten, **äußerst gering**. Deutlich weniger als 10 % aller Flugreisenden sind dazu faktisch bereit. Auch die sog. Kompensationsrechner werden kaum genutzt. Selbst bei den Veranstaltern des ***far*** ist die **Kompensationsquote** mit nur ca. **6,8 %** gering (Stand 2018). Dies ist zwar im Vergleich zu anderen Reiseanbietern viel, entspricht aber bei Weitem nicht dem selbst gesetzten Anspruch des *far*. Um das System dauerhaft zum Erfolg zu führen und den eigenen Anspruch glaubwürdig erfüllen zu können, ist also eine **Steigerung der Kompensationsrate erforderlich**.

Wissen | Forum Anders Reisen e.V.

Das *Forum Anders Reisen e.V. (far)* ist ein 1998 gegründeter Verband kleiner und mittlerer Reiseveranstalter, die einen nachhaltigen Tourismus anbieten möchten. Heute zählt das *far* ca. 140 Mitglieder. Die vom *far* ausgewiesene Kompensationsquote setzt sich aus der vom Kunden entrichteten freiwilligen Zahlung und der Inkludierung der Klimakompensation seitens der Veranstalter zusammen. Dabei kompensieren einige *far*-Reiseveranstalter bereits zu 100 %, während andere ganz niedrige Quoten aufweisen. Dies ist angesichts der heterogenen Mitgliederstruktur des Verbands nicht verwunderlich; kompensieren einige größere Veranstalter ihre vielen Reisen nicht/kaum, so reduziert dies den verbandsweiten Durchschnittswert deutlich, auch wenn einige Kleinveranstalter zu 100 % kompensieren. Gemessen werden die bei allen *far*-Veranstaltern entstehenden Emissionen, denen die tatsächlichen Klimaschutzbeiträge gegengerechnet werden. Dies ergibt – gerade, wenn z.B. Langstreckenflüge nicht kompensiert werden – einen schlechteren (aber auch ehrlicheren) Wert als eine Quotenberechnung nach Reisendenzahl. Gemäß der Erfahrung des *far* zahlen Urlauber zwar eine kleinere Spende bei Europflügen eher freiwillig, höhere Klimaschutzbeträge bei Fernzielen hingegen eher nicht.

2014 wiesen die *far*-Veranstalter eine Kompensationsquote von 3,1 % auf, 2015 waren es 3,4 %. Damals setzte sich das *far* das Ziel, bis 2017 eine Quote von 6,2 % zu realisieren. Dieses Ziel wurde also zumindest 2018 erreicht.

Selbstverständlich kann auch jeder einzelne Mensch als Urlauber oder auch allumfassend als Lebewesen seinen „CO_2-Fußabdruck“ bzw. seinen umfassenderen **„ökologischen Fußabdruck“**[117] zu berechnen versuchen und dann ausgleichen. Das Problem dabei ist, dass das wohl zeittypische Bedürfnis nach einer **wissenschaftlichen Grundlage des eigenen Handelns** befriedigt wird. **Ethik und Moral erscheinen als empirisch fundiert**; richtiges Handeln scheint zu einer Frage des wissenschaftlichen Berechnens zu werden. Wichtig sind daher das Verständnis und die Einsicht, dass CO_2-Kompensation, auch wenn sie freiwillig erfolgt, **kein „Ablasshandel“** ist bzw. sein darf. Weder der einzelne Urlauber noch das Tourismusunternehmen sollen sich mit relativ geringem Aufwand ein reines Gewissen erkaufen, sondern die Kompensation – als Wiedergutmachungsansatz für verursachte Schäden – sollte nur dann genutzt werden, **wenn eine Schadensvermeidung nicht möglich** ist. **Ansonsten verkommt die Kompensation zur Heuchelei**, gemäß deren Logik auch Rüstungskonzerne Krankenhäuser für jene Kinder errichten könnten, die ihren Bomben zum Opfer fielen.[118] **Kompensation ist keine moralische Lizenzierung** von Umweltverschmutzung; sie bietet keine – bewusste oder unbewusste Rechtfertigung oder Erlaubnis für schlechte Taten und sie trägt keine moralische Schuld ab. Sie stellt auch keine gute Tat dar, sondern gleicht lediglich pragmatisch die negativen Folgen des Handelns (etwas) aus. Ein grundlegendes **Verbot von Verschmutzung, so auch von CO_2-Emissionen, ist offenkundig nicht realisierbar** – welche Alternative böte sich somit zum kompensatorischen Emissionshandel? **Selbst der Papst fliegt** durch die Welt, weil er für bestimmte Anlässe den mit seinem Flug erzielbaren Nutzen (durch seine Präsenz an anderen Orten als zu Hause im Vatikan) als bedeutender ansieht als die damit verbundene Umweltbelastung. Positiv an

---

117 Das Konzept des ökologischen Fußabdrucks, 1994 von Rees/Wackernagel entwickelt, beschränkt sich ursprünglich auf die Nutzung biologisch produktiver Land- und Wasserflächen, indem der rechnerisch jedem Menschen (eines bestimmten Betrachtungsgebiets) zur Verfügung stehende Fläche die durch seinen Konsum tatsächlich (rechnerisch) verbrauchte Fläche gegenübergestellt wird. Ein Ergebnis lautet dann z.B., dass jeder Deutsche im Durchschnitt ca. fünf Hektar Erdfläche (gha = globale Hektar) verbraucht, wobei ihm ebenso wie jedem anderen Erdenmenschen eigentlich nur ca. 1,7 gha zustünden.

118 Mit diesem krassen Vergleich verurteilte der römisch-katholische Papst Franziskus im Februar 2017 solche Kompensationsmodelle.

der Kompensation ist auch zu sehen, dass diese **nicht zu Einschränkungen oder Nachteilen** bei denjenigen führt, die letztlich die CO_2-Einsparung vornehmen (also z.B. die Nutzer von effizienten Holzöfen in der sog. Dritten Welt) – dann wäre sie moralisch bedenklich –, sondern dass sie sogar – ein „gutes", also z.B. zertifiziertes Projekt vorausgesetzt – zu positiven Effekten am Ort der CO_2-Einsparung führt. Die Kurzformel lautet daher: **Besser nicht fliegen** (wenn sich dies vermeiden lässt, z.B. durch Verzicht oder Beförderungsalternativen, wie innerdeutsch mittels Bahnfahrt), **als fliegen + kompensieren. Besser fliegen + kompensieren als fliegen ohne Kompensation.** Dasselbe gilt natürlich auch für die Pkw-Anreise zum Urlaub oder den Ferienmietwagen vor Ort oder die Kreuzfahrt oder für alle anderen (Freizeit-)Aktivitäten, die den gesamten ökologischen Fußabdruck beeinflussen.

17 | Harmlose ökologische Fußabdrücke

Klimaschutzziele sind nicht alleine durch technische Innovationen erreichbar. Vieles wird effizienter, aber die relative Einsparung wird durch höhere absolute Mengen überkompensiert.[119] Es bedarf daher auch einer Veränderung unserer Gewohnheiten, unseres Lebensstils. Aber: „Der **Geist ist willig**, doch das **Fleisch ist schwach** ...!“ Mit diesem Zitat – übrigens nicht von *Goethe* oder dergleichen, sondern aus der Bibel (*Matthäus* 26,41) – ist wohl schon ein zentrales Problem des sanfteren Tourismus angesprochen. Nicht nur die Umweltschutzverbände, sondern auch unsere eigene Vernunft sagt uns, dass wir nachhaltiger verreisen müssen, und doch fragen wir im Reisebüro nach billigen Last-Minute-Reisen statt nach ökologiegerechten Angeboten.

Mögliche Gründe für diese **Diskrepanz** zwischen unserem **Ökologiebewusstsein** einerseits und unserem **Verhalten** andererseits sollen im Folgenden mit einigen Thesen aufgezeigt werden.

Nun, eine erste Antwort liegt spontan auf der Hand: Das ist doch klar, wir sind **zu faul**, zu bequem, und es fehlen die entsprechenden Angebote. Wohl wahr – alles richtig. Aber *warum* ist dies so, und unter welchen Bedingungen lässt sich dies ändern?

Als **Wirtschaftswissenschaftler** – aus dieser Perspektive ist das vorliegende Buch verfasst – sollte man für eine interdisziplinäre Betriebswirtschaftslehre eintreten. Wagen wir also einen Blick in die Tiefen der **Psychologie** und der **Soziologie**. Namhafte Forscher dieser Disziplinen haben interessante **Erkenntnisse zum Problem der Umweltorientierung** geliefert, von denen einige hier genutzt werden sollen, indem sie **auf** die tourismuswirtschaftliche Fragestellung des **sanfteren Tourismus übertragen** werden. Doch auch die **Biologie**, die **Medizin** sowie die **Ethik** und die **Anthropologie** sind für uns Hilfswissenschaften, auf deren Aussagen man zurückgreifen sollte, wenn sie der Lösung eines Problems dienen.[120]

Wasser, Meer, Sonne & Sex einerseits – sanfter Tourismus andererseits. Zahlreiche **Studien** belegen, wie oben ausgeführt, diese **Diskrepanz** zwischen Anspruch und Wirklichkeit. Und denken wir nur an einen **anderen Lebensbereich**: Wer von den Lesern dieses Buches

[119] Da allerdings weltweit immer mehr geflogen wird, steigt die Umweltbelastung absolut trotz relativer Effizienzverbesserung.

[120] Vgl. zu den folgenden Ausführungen vertiefend Balderjahn, Konsumentenverhalten; Bolcho, Umweltbewußtsein; Dierkes/Fietkau, Umweltbewußtsein; Günther/Gerhard, Umweltbewußtsein; Homburg, Umweltkrise; Koestler, Mensch; Littig, Umweltbewußtsein; Urban, Umweltbewußtsein.

verfügt über ein **Auto**? Ich schätze, dass – bei ehrlicher Antwort – mindestens 90 % der Leser regelmäßig einen PKW benutzen. Soviel zu unserem Verhalten. Und was *sagen* wir dazu? Mehr als die Hälfte aller Deutschen hält das Auto für den größten Umweltsünder und wünscht sich mehr Mitbürger auf öffentlichen Verkehrsmitteln.

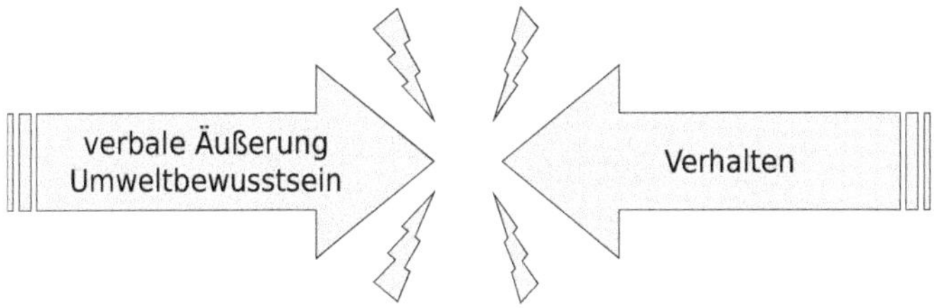

18 | Diskrepanz zwischen Bewusstsein und verbaler Äußerung einerseits und Verhalten andererseits

Sind wir Deutschen also in puncto Umweltschutz ein Volk der „Sprücheklopfer“ und „Schaumschläger“? Nun, alles ist **relativ**. Wir Deutschen zeigen uns im Vergleich zu **anderen europäischen Ländern** als relativ umweltsensibel und sogar handlungsbereit. Insofern schreiten wir unseren europäischen Nachbarn in Sachen Umweltorientierung führend voran. Unter den Blinden ist der Einäugige halt König, aber dies sollte uns nicht genügen. Was hält uns also davon ab, wirklich umweltorientiert zu handeln, insbesondere zu reisen?

Beginnen wir die Beantwortung dieser Frage **anthropologisch**: Seit jeher machte sich der **Mensch** die **Natur untertan**. Wir **streben nach Macht** – auch gegenüber der Natur. Das Problem besteht darin, dass dieses **Streben nach Dominanz gegen Eskalation nicht abgesichert** ist. Während z.B. der Hungertrieb über das Erreichen einer abschaltenden Endsituation – nämlich des völligen Sättigungsgefühls – gegen ein Zuviel und damit einen Missbrauch abgesichert ist, wird das **Streben nach Macht bei Erfolg bekräftigt**. Dies belegt sogar die **Medizin**: Ein **Hormonreflex**, messbar am Anstieg des sogenannten **Testosteron**-Spiegels, sorgt für eine positive Rückkoppelung, die das Streben nach weiterer Macht anheizt. Daher neigt unser Dominanzstreben – auch gegenüber der Natur – zur Eskalation. Denken wir nur an den **Skitouristen**, der – angeheizt durch seine Erfolge auf der Buckelpiste – nun auch „off-pist“ den unberührten Berghang schädigt.

Ein weiterer Hemmfaktor zum umweltgerechten Verhalten auch in der Freizeit liegt in unserem **defizitären Wissen** um ökologische und soziale Zusammenhänge. Gerade im Umweltbereich – ebenso wie in Sachen „Reisen" – glaubt jeder, mitreden zu können. Insbesondere die **negativen Auswirkungen des eigenen Verhaltens** werden als **unbedeutend** eingeschätzt, und auch die Chance, durch eine Verhaltensänderung etwas zu bewirken, wird als gering erachtet. Zudem ist man der Überzeugung, **ohnehin schon** weitgehend „**umweltgerecht**" zu handeln – schließlich hat man ja mindestens sechs verschiedene Abfallbehälter im Haushalt ...

Wenngleich wir Deutschen im Vergleich zu unseren europäischen Nachbarn schon relativ umweltsensibel sind, **akzeptieren** wir **kaum Einschränkungen des Lebensstandards** zugunsten der Umwelt. Damit wir hier nicht unter – wie die Psychologen sagen – **kognitiven Dissonanzen** leiden, wird die **Verantwortung** für den Umweltschutz **extern attribuiert**, also der Politik, der Technik, der Wissenschaft oder eben den **Reiseveranstaltern** zugeschoben.

Wie kann man nun dafür sorgen, dass das – immerhin schon vorhandene – Umweltbewusstsein gefestigt wird und sich in **konkretem Handeln**, auch bei der Buchung einer Urlaubsreise, niederschlägt? Wann also können wir endlich mit dem „**Sanften Reisenden**" rechnen?

Greifen wir auf Erkenntnisse aus Psychologie und Soziologie zurück. Diese lehren uns, dass es zur Umsetzung des Umweltbewusstseins in Handlung zunächst eines **ausreichenden Wissens** bedarf. Darüber hinaus muss Umweltschutz fest in unserem **Wertesystem verankert** sein.

Doch selbst diese beiden Voraussetzungen genügen nicht. Erst, wenn wir uns **persönlich betroffen** fühlen, zeigen wir **Handlungsbereitschaft**, die sich aber erst dann in Handeln umsetzt, wenn es geeignete **Verhaltensangebote** gibt und wenn wir den **Erfolg** einer Handlung in naher Zukunft erwarten dürfen. Schließlich müssen wir gerade im Bereich des Sanften Tourismus **tolerant sein gegenüber Misserfolgen** und uns auch mit ersten kleinen Schritten zufriedengeben.

Auf diese **Voraussetzungen für die Steigerung der Nachfrage** nach Sanftem Tourismus soll im Folgenden näher eingegangen werden.

Warum ist die **Nachfrage** nach nachhaltigen Reisen noch so **klein**, bzw. wann kommt es also dazu, dass Urlauber einen sanfteren Tourismus nachfragen?

Zunächst müssen die Nachfrager um die **Probleme wissen**, die durch den Tourismus und damit auch durch ihr eigenes Reiseverhalten bewirkt werden. Hierzu wird kein „Öko-Profi" verlangt, sondern ein Wissen darum, welche Verhaltensweisen im Urlaub als relevant für die natürliche und soziale Umwelt anzusehen sind. Dazu brauchen wir **Informationen**. Doch hier beginnt bereits das Problem, denn die **Wissenssuche** findet bei uns Menschen meist **verzerrt** statt, d. h. wir suchen vor allem Informationen, die die von uns präferierte Alternative stützen. Wenn wir also eine Fernreise auf die Malediven machen möchten, nehmen wir gerne die Information auf, dass wir unseren Müll wieder mit nach Hause nehmen sollen – und vergessen dabei ganz die Umweltbelastung durch den weiten Flug.

Vielfach verfügen wir über gar **kein gesichertes Wissen**. Selbst Experten sind sich in vielen Bereichen nicht einig, was eigentlich „gut" und was „schlecht" für die Umwelt ist. So streitet man sich beispielsweise darum, ob durch **Beschneiungsanlagen** erzeugter Schnee die Vegetation stärker belastet als Naturschnee (→ Kapitel 6.2 ▸ Skitourismus), oder inwiefern der **Tourismus in Entwicklungsländern** diesen eher nützt oder schadet.

Doch selbst, wenn wir über gesichertes Wissen verfügen: Zum Verständnis eines Problems reicht es nicht aus, dass alle seine Aspekte bekannt sind, und **Wissen alleine bewirkt noch keine Verhaltensänderung**. Das kennen wir alle aus der **Schule** oder vom **Studium**: Wir wissen zwar, dass wir eigentlich noch einiges lernen sollten, aber trotzdem nutzen wir das Wochenende für den nächtlichen Aufenthalt in der Disco und das lange Ausschlafen am Tag danach. Zwischen dem Wissen und dem Handeln klafft also noch eine große Lücke.

Idealerweise können wir daher auf eigene **Erfahrungen** oder zumindest auf Erfahrungen anderer zurückgreifen, die uns die Probleme bzw. die potentiellen Vorteile eines umweltorientierten Engagements z.B. visualisieren – und sei es nur durch Vorführung des Amateur-Videofilms unseres Nachbarn, der uns die **Kinderprostitution** am Straßenrand in Thailand (→ Kapitel 5.3) abschreckend vor Augen führt.

Auf dieser Basis entwickeln wir bestimmte **Einstellungen**, also objektspezifische Stellungnahmen. „Insider" seien in diesem Zusammenhang an die Untersuchungen von ***Fishbein*** und ***Ajzen*** erinnert. So haben wir individuelle Einstellungen zum Objekt „Ferntourismus", zum Objekt „Center Parc" oder zum Skitourismus. Auch hier zeigen wir uns oft „schizophren": Der Geist ist willig, doch das Fleisch ist schwach. Idealerweise stimmen die **affektiven** und die **kognitiven** Komponenten einer Einstellung überein, oder – weniger wissenschaftlich gesagt – **Herz und Kopf** müssen dasselbe wollen.

Es muss also zwischen einer kognitiven und einer affektiven Komponente unterschieden werden, wobei die **kognitive Komponente** darauf abzielt, inwieweit ein **Umweltproblem überhaupt als Problem erkannt und akzeptiert** wird. Die **affektive Komponente** hingegen spiegelt die **eigene Betroffenheit** angesichts der Umweltprobleme wider.[121]

Die Änderung des Verhaltens bedingt also eine **persönliche Betroffenheit**. Bislang fühlen sich erst wenige Bürger durch Umweltschäden in ihrem alltäglichen Leben betroffen.[122] Der Grad der persönlichen Betroffenheit korreliert mit dem Ausmaß der eigenen Erfahrungen. Die Einsicht, dass Abfallberge nicht unendlich in die Höhe wachsen dürfen, steigt mit der Nähe zur nächsten Mülldeponie. Das Gegenteil einer (hohen) Betroffenheit ist Gleichgültigkeit. **66 %** der Bundesbürger sehen in der **Gleichgültigkeit** der Bürger – also letztlich in ihrer eigenen Haltung – ein **Haupthindernis** zur Realisierung von Umweltschutz.[123] Diese Gleichgültigkeit hält sowohl Menschen als **Tourismusnachfrager** als auch Menschen, die in **Tourismusunternehmen** Reisen organisieren, davon ab, sich stärker für einen sanfteren Tourismus einzusetzen.

Erst wenn diese Betroffenheit groß genug ist, sind wir bereit zu handeln und uns z.B. von unserem routinemäßigen Verhalten – jedes Jahr eine Fernreise – zu verabschieden. Sofern uns dann geeignete **Verhaltensangebote** – also z.B. in Gestalt entsprechender Reiseformen – zugetragen werden, werden wir aktiv.

---

121 Vgl. Wöhler/Saretzki, Umweltverträglicher Tourismus 1999, S. 21.

122 Vgl. Dierkes/Fietkau, Umweltbewußtsein, S. 73.

123 Vgl. Dierkes/Fietkau, Umweltbewußtsein, S. 121.

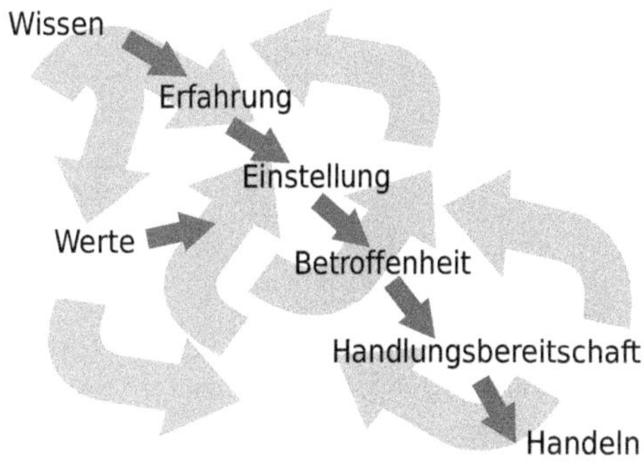

19 | Der komplexe Weg vom Wissen zum Handeln

Man sieht: Der **Weg vom Wissen** um die Probleme des Tourismus **bis zum Handeln ist weit**. Und dabei sind die hier vorgestellten soziologischen und psychologischen Überlegungen noch stark vereinfacht. Da fehlen z.B. die **Werte**, auf die oben bereits eingegangen wurde, da **fehlen** externe Variablen wie z.B. das **Alter** oder die **ökonomische Situation**, und da gibt es natürlich wilde **Wechselbeziehungen** zwischen allen diesen genannten Determinanten der Verhaltenssteuerung – in der Abbildung durch die Hintergrundpfeile angedeutet. Halten wir aber fest: Wissen, Einstellungen und Werthaltungen stellen zwar notwendige, aber keinesfalls hinreichende Bedingungen für umweltgerechtes Handeln dar.

Soll der Umweltschutz zum verhaltensbestimmenden Maßstab werden, so muss ein **Wandel der Wertebedeutung** stattfinden. Dieser kann auf verschiedenen Wegen erreicht werden, so z.B. durch **soziale Normen** und die „Kultur" der Umgebung, also der Freunde, Nachbarn etc. Diese müssen ein **umweltgerechtes Verhalten wünschenswert** oder gar erforderlich scheinen lassen, indem sie positive Impulse und Belohnungen geben bzw. **sozialen Druck** ausüben.

Weitere Möglichkeiten der **Umgewichtung von Werten** können in **Vorbildern** (Stichwort: Lernen am Modell) oder in der Entwicklung einer **eigenen Überzeugung** gesehen werden. Letztere kann – negativ – durch ein Gefühl des **Unbehagens** z.B. angesichts verbauter Tourismuslandschaften oder – positiv – durch erkennbare **individuelle Vorteile** im Sinne eines Folgenutzens entstehen.

Bleiben wir bei dem letzten Aspekt: Wir sind dann bereit zu handeln, wenn wir **Vorteile in naher Zukunft erwarten**. Dies ist menschlich, denn der Mensch ist auf einen „Wettlauf im Jetzt“ programmiert. Dies bewirkt eine opportunistische Grundhaltung, die uns dazu drängt, sich bietende **Chancen ohne Rücksicht auf Spätfolgen maximal zu nutzen**. Daher verfolgen wir mit Vorliebe ausbeuterische, gewinnmaximierende **Kurzzeitstrategien** – sei es als Tourist, sei es als erfolgsverantwortlicher Manager eines Tourismusunternehmens. Das rational als notwendig Erkannte lässt uns kalt, wenn die **negativen Folgen** unseres Tuns erst zwei **Generationen später** spürbar werden. Frei nach dem Motto: „Nach uns die Sintflut.“

Gerade im **ökologischen Bereich** zeigen sich die Auswirkungen unseres – auch positiven – Handelns erst **langfristig**. Hinzu kommt, dass hier nicht nur unser eigenes Handeln den Erfolg bestimmt, sondern dass dieser auch vom **Handeln der anderen** abhängt. Dabei leben wir in der Unsicherheit, ob denn genügend andere ebenso handeln werden, denn schließlich wollen wir ja nicht „der Dumme“ sein – ein klassischer Fall des sog. **Gemeingutdilemmas**.

9.3 Paradoxie eines „sanften Massentourismus“

„Der Tourist zerstört, was er sucht, indem er es findet.“ Auf diese knappe Formel lässt sich das Phänomen, das durchaus als Paradoxie bezeichnet werden kann, reduzieren. Die große wirtschaftliche Bedeutung des Tourismus und der enorme Umfang der Reisendenströme wurden oben aufgezeigt. **Können diese Massen „sanft“ reisen?** Nehmen wir einmal an, es gelänge, alle Urlauber von der Notwendigkeit sanfterer Reiseformen zu überzeugen. Alle wären bereit, dafür tiefer in die Tasche zu greifen und würden umweltschädigende Hotels meiden, sich „sanft“ verhalten und dergleichen. Alle hätten nur noch umwelt- und sozialverträgliche Reisemotive im Sinn. Nehmen wir auch an, das hierzu nötige „sanfte Angebot“ wäre vorhanden (keine Kapazitätsengpässe). Was würde passieren?

Bereits nach der ersten Saison, in der sich alle „sanften Touristen“ von den verbauten und umweltschädigenden Mittelmeerorten abkehren und – sagen wir z.B. – in die österreichische Bergwelt zum umweltfreundlichen Wandern zurückziehen würden, müsste Österreich seine Berge wegen Überfüllungsgefahr und Naturschäden schließen.

Oder: Nehmen wir an, alle Alpin-Skifahrer würden in der nächsten Saison auf die verpönten mechanischen Aufstiegshilfen (Lifte, Sesselbahnen etc.) und „Kunstschneepisten“ verzichten und auf Tourenski oder auch auf reine Schneewanderungen umsteigen. Die Folgen für die Natur wären katastrophal! Ist es nicht sinnvoller, ein paar Berghänge dem Wintersport zu „opfern“, wenn dafür der große Rest der Berge verschont bleibt?

Wissen | Wintersport versus alternativer Winterurlaub

In Europa gibt es ca. 40 Mio. aktive Skifahrer, in Deutschland sind es ca. 7 Millionen (vgl. Arnu, Ski fahren). Kernsportart für die meisten Wintersportler ist das alpine Skifahren, doch wird auch der Skiurlaub zunehmend multifunktional, indem Tourengehen, Winterwandern, Eislauf, Rodel, Schlittenfahrten oder Skilanglauf ergänzt praktiziert werden. Nur wenige Wintersportorte (wie z.B. das Tiroler Dorf Mieming) setzen komplett auf alternativen Winterurlaub – meist, weil sie mit großen Skiorten nicht mehr konkurrieren und die hohen Investitionen in eine Erneuerung von Liftanlagen nicht leisten können.

Es bleibt festzuhalten: **Sanfter Tourismus „in Reinform“ ist angesichts der heutigen Reiseströme nicht realisierbar**! Einziger Ausweg: Man müsste Reisen verbieten oder **Reiseberechtigungsscheine** ausgeben, um die Quantität und die zeitliche Verteilung von Reiseströmen gezielt zu steuern. Dies ist ebenso wie die Vergabe von „Qualifikationszeugnissen“ für Reisende **in einer freiheitlichen Gesellschaftsordnung jedoch absolut undenkbar**.[124] Individuelle Reisefreiheit führt jedoch nahezu zwangsläufig zu Massenbewegungen. Alle wollen dahin, wo es (vermeintlich) schön ist. **Jede Massen-**

[124] Vgl. auch die diesbezügliche Diskussion des Kirchenforums auf der ITB 1992 (s. o. V., Kollaps). Solche – meist sehr populistischen – Forderungen kommen immer mal wieder auf. So hat der Wormser Wirtschaftsforscher Max Otte (er hatte seine „15 minutes of fame“ aufgrund seines 2006 erschienenen Buchs „Der Crash kommt“, in dem er treffend die nächste Finanzkrise 2007 voraussagte) in einem Interview (Welt Online, 24.4.2009) ein Reiseverbot für Deutsche vorgeschlagen: „Wenn die Deutschen 40 Milliarden Euro jedes Jahr durch Reisen im Ausland ausgeben, könnte das durch ein Reiseverbot beschränkt werden.“ Der Soziologe und Verkehrsforscher Andreas Knie forderte im August 2018, Inlandsflüge zu verbieten und die Flugreisen pro Person zu limitieren (Interview in Zeit Online, 8.8.2018).

bewegung widerspricht aber grundsätzlich den Idealen eines sanften Tourismus. Daher ist es allenfalls möglich, den Tourismus in einzelnen Bereichen/Destinationen quantitativ zu beschränken (→ Kapitel 10) und darüber hinaus in wesentlichen Dimensionen des Tourismus auf eine sanftere Gestaltung des Massentourismus hinzuwirken.

Vielfach wird argumentiert, gerade die „Pauschalis“ seien die „schlimmen“ Touristen; **Individualreisen** (also Reisen ohne Veranstalterunterstützung) seien hingegen wesentlich sanfter. Dies ist m. E. ein krasses Fehlurteil. **Koordinierte Reiseströme** – nehmen wir als Beispiel die oft belächelten Busgruppen mit Schirm-hochhaltendem Reiseleiter – **erfüllen i. d. R. weitaus mehr die Anforderungen eines sanften Tourismus als sog. Individualisten**, die beispielsweise zu zweit mit dem Pkw Europa bereisen, mit dem Rucksack auf dem Rücken die indische Gastfreundschaft ausnutzen, durch wildes Campen Griechenlands unberührte Buchten schädigen oder mit einer großen Nachfrage nach Privatunterkünften, die z.B. via *airbnb* vermarktet werden, den Mietwohnungsmarkt für Einheimische in gefragten Städten reduzieren.[125] Und selbst wenn der einzelne Individualreisende tatsächlich mit größter Sorgfalt die Regeln eines sanften Tourismus verfolgt: Was würde wohl passieren, wenn sämtliche Urlauber diesem scheinbaren Ideal folgten?

9.4 Wo ist die Grenze zwischen „gut“, „vertretbar“ und „böse“?

Soll man also gar nicht mehr reisen? **Angesichts der positiven Wirkungen des Tourismus kann nicht dessen Abschaffung das Ziel sein** – ein solches Ziel wäre in einer freien Gesellschaftsordnung auch völlig unerreichbar –, sondern Ökonomie und Ökologie müssen sinnvoll in Einklang gebracht werden. Die konkrete Beurteilung, ob eine bestimmte Reise noch vertretbar oder schon „böse“ ist, wird dabei zu einer sehr schwierigen Gratwanderung.

Jeep-Ausflüge in die Wüste sind eine beliebte Touristenattraktion z.B. in arabischen Urlaubsländern. Mehr oder weniger geschickte Fahrer steuern ihre mächtigen Allradwagen, gefüllt mit erlebnishungrigen Touristen, die Sandhänge hinauf und hinunter, teils fahrend, teils rut-

---

[125] Vgl. auch o. V., Kollaps.

schend, je steiler im Winkel und je mehr Sand verspritzend, umso spannender. Auch Tourismusverbände bieten ihren Tagungsmitgliedern gerne solche Ausflüge an. Im Winter Nordeuropas oder Kanadas sind es analog die **Motorschlitten**, mit denen man in hohem Tempo durch den tiefen Schnee und die (ansonsten unberührte) Natur „brettern" kann. Nun, der Verfasser kann aus eigener Erfahrung nicht leugnen, dass diese Aktivitäten einen gewissen Spaßfaktor bergen, beim Wüstenausflug zumindest für die erste Viertelstunde (danach ist man genug durchgerüttelt sowie dank eines für das Fotografieren etwas zu lange geöffneten Autofensters mit Wüstensand vollgespritzt, und man hat dem tollkühnen Fahrer gegenüber ausreichend Bewunderung ausgedrückt). Aber nachhaltig ist dieses Freizeitvergnügen, alleine schon vom Energieverbrauch und den Emissionen her, sicherlich nicht.

19 | Jeep-Tour in der Wüste und Motorschlitten-Tour im kanadischen Winter

Doch **wo ist die Grenze** dessen, was ein Tourist als Freizeitvergnügen machen oder ein Reiseveranstalter ihm anbieten darf? Der Tourist schmutzt, solange er reist. Soll das Streben nach Nachhaltigkeit jeglicher Aktivität **gesinnungsethisch jede nicht nachhaltige Tätigkeit unterbinden**, oder kann man sich als Reiseveranstalter und Tourist letztlich **verantwortungsethisch** verhalten und seinen kompletten **ökologischen Fußabdruck**[126] betrachten? Schließlich haften dem Tourismus ja auch viele Vorteile an (→ Kapitel 2). Letztlich können weder eine Destination noch ein Reiseveranstalter oder Tourist immer und überall und in jeder Situation nachhaltig handeln; daher kommt es auf einen **angemessenen verantwortungsethischen Ausgleich der (zeitlich, räumlich und personell) unterschiedlichen Interessen und Anforderungen** an. Vielleicht ist es bei der nachhaltigen Freizeitgestaltung (bzw. gesamten Lebensgestaltung) wie mit dem Ziel der Vermeidung von körperlichem Übergewicht: Man darf auch mal mit Schokolade, Eis und Kuchen sündigen, solange man in der Summe und auf lange Sicht letztlich sein Gewicht hält! Nachhaltigkeit ist – abgesehen von Grenzen, die absolut und immer zu beachten sind (z.B. die Vermeidung von tourismusinduzierter Kinderprostitution, → Kapitel 5.3) – ein Anspruch, dem man **nicht immer und überall** entsprechen kann. Ziel ist daher ein sanfter*er* Tourismus im Sinne eines stetigen Bemühens und Fortschritts.

[126] Zum Konzept des sog. ökologischen Fußabdrucks siehe Kapitel 6.7.3.

10 Sanfter Tourismus als Perspektive – ist Nachhaltigkeit im Tourismus erreichbar?

Seit einigen Jahren ist das Thema **Nachhaltigkeit** im Wertesystem der Deutschen und in der politischen Diskussion verstärkt präsent. Medien berichten täglich über den Klimawandel und seine möglichen Folgen, Plastikmüll und Mikroplastik beschäftigen Politiker, Industrie, Handel und Konsumenten.[127] Vielleicht war der Tourismus – seit 1980 – sogar einer der Vorreiter in der Diskussion um eine nachhaltige Entwicklung. Ein **nachhaltiger Tourismus** ist gekennzeichnet durch **ethische und soziale Gerechtigkeit, kulturelle Angepasstheit, ökologische Tragfähigkeit sowie wirtschaftliche Bedeutung und Effizienz**. Voraussetzung für einen nachhaltigen Tourismus ist die Integration der Ziele:

- **ökologisch verträglich,**[128]
- **wirtschaftlich profitabel** und
- **ethisch** und **sozial** förderlich und **kulturell** angepasst.

Dabei kann es im konkreten Entscheidungsfall durchaus vorkommen, dass diese **Ziele konfliktär** zueinanderstehen. So mögen Stierkampf-Shows (auch für Touristen als Zielgruppe) wirtschaftlich profitabel und (der südspanischen Bevölkerung) kulturell angepasst sein, doch widersprechen sie den ethischen Grundsätzen vieler Menschen hinsichtlich Tierschutz sowie ökologischen Zielen. Im Sinne eines „magischen Dreiecks“ muss daher die **Balance zwischen diesen Zielen** gesucht werden.

---

[127] Eine schöne Beobachtung: In den Vorlesungen des Verfassers tauchen auf den Tischen der Studierenden seit Mitte 2018 verstärkt Refill-Flaschen statt Einwegplastikflaschen auf.

[128] Oft wird damit neben dem Umweltschutz auch das Ziel der Biodiversität, also der biologischen Vielfalt, verbunden. Vgl. z.B. Bundesamt für Naturschutz, Biodiversität, S. 2 und S. 18.

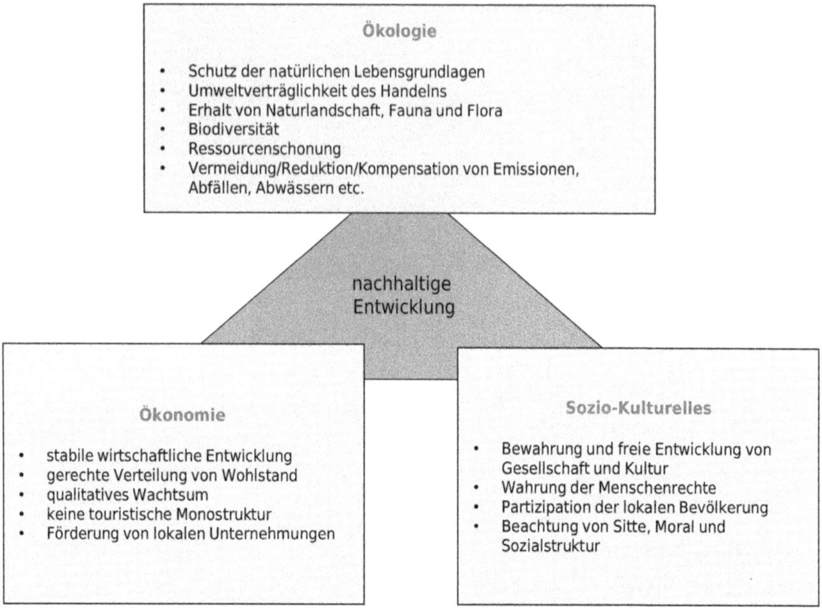

20 | Das „magische Dreieck" von nachhaltiger Entwicklung und Sanftem Tourismus

Die **Bewahrung lebenserhaltender ökologischer Prozesse** und Naturkreisläufe, die Erhaltung der **Artenvielfalt**, die **schonende Nutzung natürlicher Ressourcen** sowie die **Vermeidung von Müll und Emissionen** sind ebenso Ziele des nachhaltigen Tourismus wie die **Partizipation** der „Bereisten" am Tourismus, die Gewährleistung menschenwürdiger **Arbeitsbedingungen**, der **Schutz von Kindern** vor Ausbeutung oder die **Achtung und Bewahrung traditioneller Lebensweisen und kultureller Identitäten** der Bevölkerung. Dadurch soll die einheimische Bevölkerung ihr subjektives Wohlbefinden nicht durch den Tourismus beeinträchtigt sehen, während die Touristen ihrerseits eine optimale Befriedigung ihrer Bedürfnisse als Urlaubsgast erfahren sollen. Dies bedeutet, dass es zu einem **verantwortungsbewussten Reisen** kommt, dass **negative Umweltauswirkungen und soziokulturelle Veränderungen** vermieden oder zumindest so gering wie möglich gehalten werden, dass der Tourismus einen Beitrag zur Finanzierung von Landschaftsschutzgebieten leistet und dass **Einkommensmöglichkeiten** für die einheimische

Bevölkerung geschaffen werden. So impliziert dieser Ansatz die **Vorsorge für nachfolgende Generationen**.

Doch eine eindeutige **Definition** dessen, was unter nachhaltigem bzw. Sanftem Tourismus zu verstehen ist, existiert nicht.[129] Da Tourismus in quasi jeder Ausprägung die Umwelt (negativ) berührt, soll hier von einem **sanfter*en* Tourismus** gesprochen werden, unter dem **Reiseformen und Maßnahmen** zu verstehen sind, die versuchen, unter Ausnutzung ihrer **positiven wirtschaftlichen Effekte stärker als bislang in Einklang mit der sozio-kulturellen und natürlichen Umwelt** zu stehen, um so **dauerhaft („nachhaltig") die – auch wirtschaftliche – Basis für den Tourismus zu sichern**. Nachhaltiges Wirtschaften sorgt somit auch dafür, dass das eigene Geschäftsmodell auch noch in 20 oder 30 Jahren tragfähig ist. Sanfter Tourismus ist somit nicht statisch, sondern Ausdruck eines Prozesses, der **allenfalls theoretisch ein Maximum als Idealzustand** erreichen kann. Sicherlicht gibt es besondere „harte", weil umweltschädigende Reiseformen, wie z.B. der Heli-Ski-Tourismus, bei dem für das Skivergnügen Weniger die Umwelt mit Lärm, Abgasen etc. belastet wird (von Gefährdungen ganz abgesehen), oder der Kindersextourismus von pädophilen Urlaubern (→ Kapitel 5.3). Aber wie soll das positive Extrem eines sanften Tourismus aussehen? Man kann immer noch etwas „sanfter" reisen als bisher, bis hin zu dem Punkt, dass man gar nicht mehr verreist (frei nach dem Motto: „Der Mensch schmutzt, solange er reist ...") – aber dann handelt es sich eben auch nicht mehr um „Tourismus".

---

129 Einen Überblick über Definitionsversuche gibt Kramer, Tourismus ist mehr, S. 63–64.

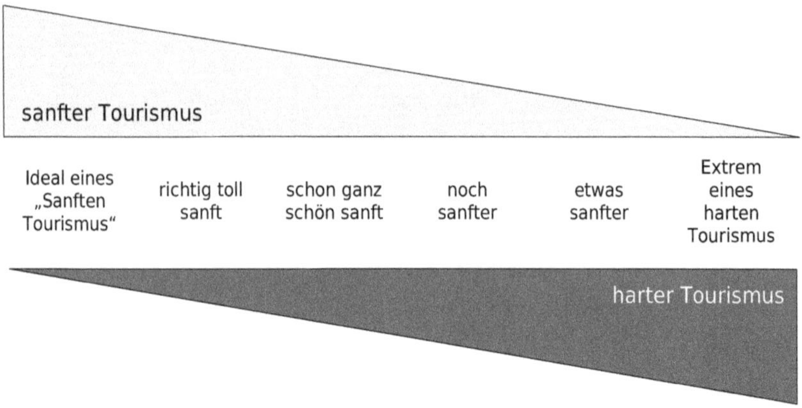

20 | Sanfter Tourismus als kontinuierlicher Begriff und Prozess

Zur Realisierung eines nachhaltigen, sanften Tourismus werden u.a. folgende **Maßnahmen gefordert**:

[1] Allen **Tourismusbeteiligten** muss klar werden, dass nicht nur die Maximierung des wirtschaftlichen Profits eine Rolle spielt, sondern dass auch höchstmögliche Rücksicht auf die sozialen, kulturellen und ökologischen Gegebenheiten eines Landes genommen werden muss. Das Reisen muss als wertvolles und erhaltenswertes Gut begriffen werden.[130]

[2] Die **Politik** in den Entsendeländern und Empfängerländern muss sich lenkend in die Tourismusindustrie einmischen, denn von allein wird dort die Idee des nachhaltigen Tourismus, wegen des harten Wettbewerbs, wohl kaum gelöst.

[3] Vonseiten der **Politiker** müssen durchgreifende, rechtlich verbindliche Vereinbarungen für die Entwicklung eines nachhaltigen grenzüberschreitenden Tourismus getroffen werden, und diese müssen international geltend gemacht werden.

[4] Die öffentliche und politische **Aufmerksamkeit** in den Herkunftsländern und den Empfängerländern muss gegenüber dem nachhaltigen Tourismus verstärkt werden.

[130] Vgl. Vielhaber, (Tourismus), S. 60.

[5] Von den **Politikern** muss auch geklärt werden, wer die Verantwortung für die touristischen Auswirkungen übernimmt und was dann auf internationaler Ebene durchgesetzt werden muss.

[6] Die internationalen und nationalen touristischen Organisationen und die nationalen **Verbände** der Reiseindustrie in den Entsende- und Empfängerländern müssen sich stärker den Problemen des Tourismus stellen und nach Lösungsmöglichkeiten suchen.

[7] In **Schulen und Universitäten** und ganz besonders in touristischen Aus- und Fortbildungsinstitutionen in den Entsende- und Empfängerländern muss es eine stärkere Aufklärung über Nachhaltigkeit im Tourismus und speziell über Aspekte des Dritte-Welt-Tourismus geben.

[8] Die **Touristen** müssen z.B. durch Öffentlichkeitsarbeit des ***Bundesministeriums*** *für wirtschaftliche Zusammenarbeit und Entwicklung* (**BMZ**) oder des *Bundesministeriums für Umwelt, Naturschutz und nukleare Sicherheit (**BMU**)* verstärkt über Probleme des Tourismus **aufgeklärt** werden, denn nur so kann es zu einer Einstellungsänderung kommen. Anzustreben sind hier die Urlaubsmotive „langsamer, länger, intensiver und seltener" entgegen dem Trend der Motive „schneller, kürzer, weiter und öfter".

[9] Es sollten von den **Reisenden** viel kritischere Reiseentscheidung getroffen werden, z.B. mithilfe von Orientierungskriterien für nachhaltiges Reisen. So kann z.B. auf die Reise verzichtet werden, wenn die bekannten Folgen stark negativ sind.

[10] Die **Reisenden** sollten sich vor der Reise intensiver mit dem Reiseziel auseinandersetzen, um das Land und die Menschen besser verstehen zu können, was zu einem **sensibleren Reiseverhalten** führen würde.

[11] Wenn ein **Umdenken der Touristen** diesbezüglich stattgefunden hat, so dass sie mehr Wert auf die Qualitäten des nachhaltigen Tourismus legen, dann erst werden die Reiseanbieter in eine umweltgerechte und sozialverträgliche Planung und Betriebsführung investieren.[131]

---

[131] Hier kann sich eine „Henne-oder-Ei"-Diskussion entfachen: Muss erst die Nachfrage vorhanden sein, damit ein (nachhaltiges) Angebot geschaffen wird? Oder kann sich ein nachhaltiges Angebot seine Nachfrage schaffen? Wie im weiteren Verlauf dieses Buches

[12] Die Reiseveranstalter und Reisemittler sollten **gesetzlich** verpflichtet sein, den Reisenden auf die problematischen Auswirkungen einer bestimmten Reise aufmerksam zu machen und dem Kunden zu erläutern, was z.B. der Reiseveranstalter konkret zur Schadensbegrenzung beiträgt und welches Verhalten vom Kunden am Zielort erwartet wird.

[13] Der Stellenwert des Tourismussektors in der deutschen **Entwicklungszusammenarbeit** muss angehoben werden, und die Entwicklung und Erprobung von nachhaltigen Tourismusmodellen muss stärker gefördert werden. In der deutschen Entwicklungszusammenarbeit sollten Kooperationsfelder für die Tourismuswirtschaft, die Umweltplanung und das Ressourcenmanagement festgelegt, Synergieeffekte herausgearbeitet, Projektrisiken verringert und die personellen und institutionellen Voraussetzungen für einen nachhaltigen Tourismus geschaffen werden.

[14] Die **einheimische Bevölkerung** muss stärker z.B. durch die lokalen Tourismusagenturen und politischen Entscheidungsträgern in die Planung und Durchführung der touristischen Entscheidungen **einbezogen** werden.

[15] Eine Senkung des Kapitalabflusses aus den zu fördernden Destinationsländern ins Ausland ist dringend erforderlich, und so sollte auch die Förderung ausländischer Investitionen durch Subventionen eingegrenzt werden.

[16] Eine Voraussetzung für die Umsetzung dieser Maßnahmen ist die **Verstärkung des Dialogs** und der Zusammenarbeit aller Akteure, die am Tourismus beteiligt sind.[132]

So sehr diese – vor allem an die Politik gerichteten – **Forderungen gerechtfertigt** sind, verkennen sie doch in einigen Aspekten, dass in freiheitlichen Gesellschaftsordnungen und marktorientierten Wirtschaftssystemen der **einzelne Entscheider**, der einzelne Unternehmer derjenige ist, der für die Umsetzung der Ziele eines sanfteren Tourismus **gewonnen werden muss**. Dazu muss der Einzelne sich betroffen fühlen und ein **egoistisches Interesse** an der Realisierung der vorgeschlagenen Maßnahmen haben. Dies gilt **auch für Politi-**

---

noch dargelegt wird, ist die Angebotsseite im Tourismus oft schon weiter in Nachhaltigkeitsaspekten als die (deutschen) Nachfrager.

132 Vgl. Vielhaber, (Tourismus), S. 62–64.

ker, deren unmittelbares und mittelbares Interesse in den meisten Fällen die Wiederwahl ist, die sie mit der Durchsetzung unpopulärer Maßnahmen (z.B. die Schaffung der o. g. Rahmenbedingungen) kaum erreichen. Bei allen Forderungen muss daher immer gefragt werden:

- **Wer** soll handeln?
- **Warum** sollte derjenige – aus seiner egoistischen Sichtweise heraus – handeln? Worin liegen seine **Vorteile**, wenn er so handelt?

Der altruistische Mensch, der ohne Verfolgung eigener Interessen (und ggf. sogar diesen widersprechend) anderen Gutes tut, ist und bleibt leider die Ausnahme. Von daher sind **nachhaltige Ziele vor allem dann gut erreichbar, wenn sie in komplementärer Beziehung zu den persönlichen Zielen der Akteure stehen.** Spare ich mit Umweltschutz auch noch Geld und/oder erhalte ich dafür soziale Anerkennung, schütze ich gerne die Umwelt.

Nachhaltigkeit beginnt mit der Einsicht in ihre Notwendigkeit. Ein Kernproblem ist das geringe Bewusstsein bei vielen Unternehmen, in der Politik und in der Gesellschaft für die Notwendigkeit der Nachhaltigkeit und der mit der Umsetzung verbundenen Einschränkungen. Das Bewusstsein für den Wert von Nachhaltigkeit, zu der auch ein sanfterer Tourismus gehört, und vor allem die Handlungsbereitschaft sind noch unterentwickelt.

Das vorliegende Buch hat anhand vieler tourismusinduzierter Probleme gezeigt, dass fehlende oder unzureichende Nachhaltigkeit im Tourismus meist aus **Marktversagen** resultiert: Für die negativen Auswirkungen des Handelns von Unternehmen und Touristen gibt es keinen bzw. keinen adäquaten Marktpreis, und eine **freiwillige Internalisierung von externen Kosten durch Unternehmen oder ihre Kunden ist nicht in größerem Umfang zu erwarten**. Es ist unrealistisch, dass Kreuzfahrtunternehmen freiwillig auf Billigarbeitskräfte und Billigkraftstoffe verzichten. Es ist nicht zu erwarten, dass Airlines und Flugreiseveranstalter freiwillig für alle Flüge die Schäden durch Emissionen kompensieren. Zur Lösung dieses Problems ist in erster Linie die **Politik gefordert**, indem sie die erforderlichen rechtlichen Rahmenbedingungen zur Realisierung eines sanfteren Tourismus setzt. Nur die staatliche Politik – national, europäisch und weltweit – kann Vorgaben machen, um die Tragik des Allmendeguts Umwelt durch **gleiche Standards für alle Marktteilnehmer** zu beseitigen. Politiker müssen dazu unpopuläre, kurzfristig als nachteilig erscheinende Entscheidungen fällen, die sie ggf. kurzfristig in die Kritik von Unternehmen und Wählern bringen. **Unternehmen akzeptieren jedoch derartige Auflagen**, auch wenn sie dadurch finanziell belastet werden, sofern diese Restriktionen **für alle Anbieter gleichermaßen** gelten.

Doch selbst wenn es gesetzliche Normen gibt, fehlt es oft an der **Kontrolle ihrer Einhaltung** – die Gesetze laufen Gefahr, mangels Sanktionsgefahr schlicht missachtet zu werden. Eine Möglichkeit besteht daher in der **Privatisierung von Allgemeingütern** – die Eigentümer, die sodann **Verfügungsrechte** besitzen, werden für die Nutzung des früheren Gemeinguts ein Entgelt verlangen und so für dessen Erhalt sorgen. Dies ist jedoch **nur in wenigen touristischen Bereichen realisierbar**.

Erfolgt diese Rahmensetzung durch die Politik nicht, so kann **öffentlicher Druck** („an den Pranger stellen", „Boykott") auf solche Unternehmen, die ein **Missverhalten** zeigen, das erwünschte nachhaltige Verhalten fördern. Alleine schon die glaubwürdige Androhung von Nachteilen kann dies bewirken. Neben dem Druck „weg von Schlechtverhalten" kann auch ein Zug „hin zum Gutverhalten" entstehen, indem **Wohlverhalten der Unternehmen durch die Öffentlichkeit und speziell die Kunden honoriert** wird. Diese beiden Maßnahmen haben in den vergangenen 30 Jahren der touristischen Entwicklung jedoch **allenfalls in Einzelfällen gewirkt**.

Es ist **nicht zu erwarten**, dass eine **freiwillige Internalisierung von negativen externen Effekten und ein Verzicht auf Opportunitäten** in größerem Maße durch die Märkte erfolgt, weder auf der Anbieterseite durch die Unternehmen noch auf der Nachfrageseite. Zwar gibt es überzeugte und überzeugende Vorreiter, doch sorgt die Gefangenendilemma-Situation dafür, dass ohne gesetzliche Rahmenbedingungen immer **Profiteure zulasten der Konkurrenten sowie der natürlichen und sozialen Umwelt** ihren Gewinn kurzfristig maximieren. Die Nachfrageseite fördert Nachhaltigkeit im Tourismusbereich nur in Ansätzen und Marktnischen, ohne große Breitenwirkung und ohne umfangreiche Bereitschaft zu freiwilligen finanziellen Opfern.

Fazit: Es gibt nichts Gutes, außer man tut es! Vermutlich gibt es **keine Tourismusform**, die sich für die Milliarden von Reisenden weltweit in jeder Hinsicht **in optimaler Weise nachhaltig** gestalten lässt. Daher kann realistischer Weise nur ein **sanfter*er* Tourismus das Ziel** sein. Dies gilt für Tourismusunternehmen ebenso wie **für jeden einzelnen Urlauber**, der sich anhand der hier aufgezeigten Aspekte fragen kann, inwiefern sein Reiseverhalten nachhaltig ist. Für Reiseveranstalter wie für Urlauber verhält es sich mit dem **Ziel, nachhaltig zu reisen**, wie mit dem Ziel, sein Körpergewicht in einem bestimmten Kilogrammbereich zu halten: Man kann kein absolut richtiges Ausmaß erreichen, sondern nur ein **bestimmtes, eigenes Anspruchsniveau zu erfüllen versuchen**. Dabei darf man **auch mal sündigen, solange man in der Summe und auf lange Sicht sein Ziel im Auge behält und erreicht.** Nachhaltigkeit ist somit ein **Anspruch, dem man nicht immer und überall entsprechen kann**. Nur **wenige Bereiche** und Verhaltensweisen des Tourismus sind in einer **Absolutheit** ge- oder verboten, die **keine Abwägung oder Relativierung** erlaubt (z.B. wenn vulnerable Gruppen bzw. Lebewesen betroffen sind, wie bei bestimmten Voluntourismus-Angeboten, bei Kinderprostitution für Touristen (→ Kapitel 5.3) oder bei bestimmten Tiersituationen (z.B. → Kapitel 6.4)). Ein realisierbares Ziel für Reiseveranstalter wie für den einzelnen Touristen ist daher in den meisten Aspekten der Nachhaltigkeit ein sanfter*er* Tourismus im Sinne eines **stetigen Bemühens und Fortschritts**. Es kommt dabei auf die unternehmenseigene bzw. **persönliche Haltung** und die Abwägung unterschiedlicher **Werte** an, wie sehr man sich von den unterschiedlichen Formen eines „harten“ Tourismus distanzieren will und kann.

Welches Verhalten kann man noch mit sich und seinen Werten – als Unternehmen ebenso wie als Privatperson – vereinbaren?

Literatur

Wissen | Zitierweise und zur Literaturverarbeitung

Im Literaturverzeichnis wird in Klammern das jeweilige Kennkürzel angegeben, das identisch mit den in der Arbeit verwendeten Zitierkürzeln ist. Die Literatur mit Verfasserangabe ist alphabetisch nach dem Namen des Verfassers geordnet. Die Literatur ohne Verfasserangabe ist alphabetisch nach dem Kennkürzel geordnet. Dies ermöglicht ein rasches Auffinden der in der Arbeit genannten Werke. Wird in der Arbeit zusammen mit der Literaturstelle keine genaue Seitenzahl genannt, so bezieht sich der Hinweis auf das gesamte Werk (dies ist insbesondere der Fall bei Zeitschriftenartikeln, die nur über eine Seite gehen); sind nur einzelne Seiten einer (umfangreicheren) Quelle relevant, so werden diese jeweils angegeben.

Das Literaturverzeichnis umfasst primär solche Titel, auf die der Verfasser im Laufe der Arbeit (mindestens) einen expliziten Hinweis gegeben hat. Darüber hinaus werden zur Vertiefung und/oder für eine allgemeine Einführung in das Tourismusmarketing weitere Grundlagenwerke genannt. Literatur, die der Verfasser zwar sichtete und die auch die allgemeine Basis seines (branchenspezifischen) Wissens förderten, nicht aber explizit in die Arbeit eingearbeitet wurden, werden im Literaturverzeichnis nicht genannt; hierzu gehören insbesondere die Fülle von Beiträgen in den touristischen Fachzeitschriften sowie Hunderte von Tageszeitungsberichten, Nachrichtensendungen und Fernsehreportagen, die im Rahmen der vorliegenden Analysen gesichtet wurden.

[1] Literatur mit Verfasserangabe

Arbeitsgemeinschaft Tourismus mit Einsicht (Hrsg.), (Tourismus mit Einsicht), Tourismus mit Einsicht, Starnberg 1989

Arnold, Velten, (Kanaren), Krach auf den Kanaren, in: Süddeutsche Zeitung, Reise, vom 5.10.2017

Balderjahn, Ingo, (Konsumentenverhalten), Das umweltbewußte Konsumentenverhalten, Berlin 1986

Bartens, Werner, (Urlaub krank), Frei - und fertig, Warum Menschen gerade im Urlaub krank werden, in: Süddeutsche Zeitung vom 7.9.2018

BAT Freizeit-Forschungsinstitut (Hrsg.), (Umwelt und Tourismus), Umwelt und Tourismus, Beilage zu Touristik Report Nr. 22/1985

Behling, Frank, (Schiffe), Große und kleine Schiffe – über kurz oder lang, in: Süddeutsche Zeitung vom 22.2.2018

Behrens, Christian-Uwe, (Ethische Probleme), Ansatzpunkte zur Lösung ethischer Probleme in der Tourismuswirtschaft, in: Forum Wirtschaftsethik, 9. Jahrgang, Heft 3-4, Dezember 2001, S. 10–15

Behrens, Christian-Uwe, (Ökologische Nachhaltigkeit), Zum Prinzip der ökologischen Nachhaltigkeit in der Ökonomie – einige Anmerkungen, Diskussionsbeitrag Nr. 3 aus dem Labor für Volkswirtschaftslehre, Fachhochschule Wilhelmshaven 1998

Bieger, Thomas/Beritelli, Pietro/Laesser, Christian, (alpiner Tourismus), Strategische Entwicklungen im alpinen Tourismus, Berlin 2015

Birkner, Helena / Krane, Michael, (Dubrovnik), Dubrovnik stiftet Verwirrung, in: FVW Nr. 22 vom 26.10.2018, S. 56

Bolcho, Dietma, (Umweltbewusstsein), Umweltbewußtsein zwischen Anspruch und Wirklichkeit, Anmerkungen zu einem Dilemma, Frankfurt 1995

Britzelmeier, Elisa, (Gardasee), Gardasee – Hochsaison, in: Süddeutsche Zeitung, Panorama, vom 14.8.2018

Brunner, Ingrid, (Nachhaltige Kreuzfahrten), Nachhaltige Kreuzfahrten – Kleine Fische, in: Süddeutsche Zeitung, Reise, vom 14.12.2017

Brunner, Ingrid, (Sextourismus), Sextourismus - Hinschauen!, in: Süddeutsche Zeitung vom 2.8.2018

Brunner, Ingrid, (Umweltschutz Kreuzfahrt), Umweltschutz auf Kreuzfahrtschiffen – Kurs auf Öko, in: Süddeutsche Zeitung vom 14.12.20178

BTW (Bundesverband der Deutschen Tourismuswirtschaft; Hrsg.), (Entwicklungsfaktor Tourismus), Entwicklungsfaktor Tourismus - Der Beitrag des Tourismus zur regionalen Entwicklung und lokalen Wertschöpfung in Entwicklungs- und Schwellenländern, Berlin 2015

Bugnicourt, Jaques, (Sex–Sonne–Sand), Sex–Sonne–Sand, in: Studienkreis für Tourismus (Hrsg.), Tourismus – Entwicklung und Gefährdung, Starnberg 1978, S. 54–56

Bührke, Thomas, (Triebwerke), Triebwerke auf dem Prüfstand, Neue Ideen, um den umweltschädlichen Stickoxidausstoß von Flugzeugen zu verringern, in: SZ Nr. 250 vom 28.10.93, S. 50

Bundesamt für Naturschutz (Hrsg.), (Biodiversität), Biodiversität und Tourismus, Konflikte und Lösungsansätze an den Küsten der Weltmeer, Berlin/ Heidelberg 1997

Burghardt, Peter, (Zerstörung), Zerstörung um jeden Preis, in: Süddeutsche Zeitung vom 11.7.2005

Cohen, Erik, (Backpacking), Backpacking: Diversity and Change. In: Richards, G. und J. Wilson (Hrsg.): The Global Nomad: Backpacker Travel in Theory and Practice, in: Clevedon, Channel View Publications, S. 43–59

d'Eramo, Marco, (Die Welt im Selfie), Die Welt im Selfie – Eine Besichtigung des touristischen Zeitalters. Aus dem Italienischen von Martina Kempter, Berlin 2018

Dammermann, Christa, (Verantwortung), Deutsche Reiseveranstalter müssen Verantwortung übernehmen, Die Reiseveranstalteraktion von terre des hommes, in: Kinderprostitution und Tourismus – Die deutsche Kampagne gegen Kinderprostitution im Sextourismus 1991–1994, o. O. o. J.

Deutscher Bundestag (Hrsg.), (Hoheitsgewalt), Wissenschaftliche Dienste, Kurzinformation zu Ausübung von Hoheitsgewalt auf Schiffen und Flugzeugen, Berlin 2018

Dierkes, Meinolf / Fietkau, Hans-Joachim, (Umweltbewusstsein), Umweltbewußtsein – Umweltverhalten, hrsg. vom Rat von Sachverständigen für Umweltfragen, Karlsruhe 1988

Dress, Günther, (Tourismus als Faktor), Tourismus als ein Faktor des soziokulturellen Wandels in Bali, in: Studienkreis für Tourismus (Hrsg.), Tourismus – Entwicklung und Gefährdung, Starnberg 1978, S. 183–192

Flottau, Jens, (Enterprise), Countdown für die Enterprise, in: Süddeutsche Zeitung vom 10.5.2010

Greenpeace (Hrsg.), (A toda costa), A toda costa - análisis de la evolución y estado de conservación de los bienes y servicios que proporcionan las costas, Spanien/ohne Ortsangabe, 2018

Gruber, Sam, (Müll), Der Müll treibt die Inseln ins Chaos, in: Der Farang – Newsportal für Urlauber & Residenten in Thailand, 16.12.2016

Günther, Rudolf/Winter, Gerhard (Hrsg.), (Umweltbewusstsein), Umweltbewußtsein und persönliches Handeln, Weinheim 1986

Gürtler, Matthias, (Riviera), Die Riviera ist zugebaut, in: Touristik Aktuell vom 1.6.2015, S. 27

Hallaschka, Andreas, (Kinder als Sklaven), Kinder als Sklaven, in: Launer, Ekkehard (Hrsg.), Sextourismus, 2. Aufl., Göttingen 1997, S. 33–36

Hirt, Peter, (Wintermärchen), Umweltlügen. Wintermärchen., in: touristik management, Heft 12/93, S. 28

Hoben, Anna, (Kreuzfahrt), Kreuzfahrt – Ins Blaue Regal, in: Süddeutsche Zeitung vom 23.11.2017

Homburg, Andreas, (Umweltkrise), Subjektive Vorstellungen zur Umweltkrise, Eine empirische Studie zum Umweltbewußtsein, Aachen 1995

Junghänel, Svenja, (Verhaltenskodex), Internationale Fachtagung zum Thema Kinderprostitution – Europäer einigen sich auf Verhaltenskodex, in: fvw, Nr.25/2000, S. 34

Jungk, Robert, (Wieviel Touristen), Wieviel Touristen pro Hektar Strand? Plädoyer für „sanftes Reisen“, in: Geo, Heft 10/1980, S. 154–156

Kelly, Robert F., (International Tourism), International Tourism: Pilgrimage in the technological age, in: Tan, C.T./Lazer, W./Kirpalani, V.H., Emerging international strategic frontiers, Singapur 1986, S. 278–285

Kirstges, Torsten / Schröder, Christian, (Reiseleitung), Destination Reiseleitung – Ein Leitfaden für Reiseleiter – aus der Praxis für die Praxis, 3. Auflage, Wilhelmshaven 2012

Kirstges, Torsten, (Expansionsstrategien 2005), Expansionsstrategien im Tourismus: Marktanalyse und Strategiebausteine, unter besonderer Berücksichtigung mittelständischer Reiseveranstalter, 3. Auflage, Wilhelmshaven 2005

Kirstges, Torsten, (Krisen), Krisen von 1995 bis 2017 und ihre Auswirkungen auf den Tourismus, Wilhelmshaven 2017

Kirstges, Torsten, (Managementgrundlagen), Grundlagen des Reisemittler- und Reiseveranstaltermanagements – Marktüberblick, Geschäftsmodelle, Marketingmanagement, rechtliche Grundlagen, 2. Auflage, Oldenbourg-Verlag, München 2014

Kirstges, Torsten, (Reiseveranstaltermarkt 2018), Strukturanalyse des deutschen Reiseveranstaltermarktes 2018, Wilhelmshaven 2018

Klüver, Henning, (Venedig), Venedig sehen und wegziehen, in: Süddeutsche Zeitung Nr. 274 vom 27.11.2009, S. 10

Koestler, Arthur, (Mensch), Der Mensch – Irläufer der Evolution, Die Kluft zwischen unserem Denken und Handeln – eine Anatomie menschlicher Vernunft und Unvernunft, Bern 1978

Kramer, Brigitte, (Strandräuber), Montenegro – Strandräuber, in: Süddeutsche Zeitung, Reise, vom 26.7.2018

Kramer, Dieter, (Tourismus ist mehr), Tourismus ist mehr als nur „ökonomische Transaktion“, in: Gruppe Neues Reisen (Hrsg.), Sanfter Tourismus – ein Schlagwort mehr?, 2. Auflage, Berlin 1988, S. 59–70

Lange, Andrea, (Intern), Wenn eine eine Reise tut, in: Intern, Nr. 10/92

Launer, Ekkehard, (Sextourismus), Sextourismus, 2. Aufl., Göttingen 1997

Littig, Beate, (Umweltbewusstsein), Die Bedeutung von Umweltbewußtsein im Alltag, Frankfurt 1995

Lukas, Klaus, (Missbrauchte Kinder), Missbrauchte Kinder, Die Globalisierung der Perversion, Wien 1999

Maier-Albang, Monika, (Busch), Ab in den Busch, in: Süddeutsche Zeitung vom 24.10.2018

Maier-Albang, Monika, (Traumschiff), Geschichte der Kreuzfahrten - Es war einmal ein Traumschiff, in: Süddeutsche Zeitung vom 10.8.2018

Minninger, Sabine, (Kinderprostitution), Tränen heilen die Wunden nicht - Kinderprostitution im Tourismus, herausgegeben vom EED, Bonn 2004

Niederer, Heinrich, (Erlernbare Kunst), Reisen: eine erlernbare Kunst?, Vorarbeiten für eine künftige Pädagogik des Reisens, Diss., Tübingen 1977

Niesner, Elvira, (Bestandsaufnahme), Prostitution und Frauenhandel am Beispiel der Dominikanischen Republik, in: agisra (Hrsg.), Frauenhandel und Prostitutionstourismus – Eine Bestandsaufnahme, München 1990, S. 260–269

Niesner, Elvira, (Bestandsaufnahme), Prostitutionstourismus am Beispiel Kenia, in: agisra (Hrsg.), Frauenhandel und Prostitutionstourismus – Eine Bestandsaufnahme, München 1990, S. 240–250

Niesner, Elvira, (Bestandsaufnahme), Prostitutionstourismus, in: agisra (Hrsg.), Frauenhandel und Prostitutionstourismus – Eine Bestandsaufnahme, München 1990, S. 19–36

Noack, Rosemarie, (Wohin geht die Reise), Wohin geht die Reise?, in: Die Zeit Nr. 10 vom 02.03.90, S. 81--82

O'Grady, Ron, (ECPAT-Kampagne), Kampf der Kinderprostitution, Die ECPAT-Kampagne, Unkel/Rhein/Bad Honnef 1996

O'Grady, Ron, (Vergewaltigung), Die Vergewaltigung der Wehrlosen, Sextourismus und Kinderprostitution, Unkel/Rhein/Bad Honnef 1997

Prahl, Hans Werner/Steinecke, Albrecht, (Millionenurlaub), Der Millionenurlaub – Von der Bildungsreise zur totalen Freizeit, Darmstadt 1979

Przybilla, Steve, (Abwasserentsorgung), Abwasserentsorgung – weg mit der Brühe, in: Süddeutsche Zeitung, Mobiles Leben, vom 5.1.2018

Raffée, Hans/Wiedmann, Klaus-Peter, (Wertewandel), Der Wertewandel als Herausforderung für Marketingforschung und Marketingpraxis, in: Marketing ZFP, Heft 3, 8/1988, S. 198–210

Schlötzer, Christiane, (Bausünden), Der blaue Weg - Bausünden Türkei, in: Süddeutsche Zeitung vom 10.10.2013

Steinecke, Albrecht, (Kreuzfahrttourismus), Kreuzfahrttourismus, Konstanz 2018

Suchanek, Norbert, (Ausgebucht), Ausgebucht, Zivilisationsfluch Tourismus, Stuttgart 2000

Temsch, Jochen, (Dubrovnik), Freiheit für Dubrovnik, in: Süddeutsche Zeitung vom 15.11.2018

Terre des hommes, Alles käuflich?, Kinderprostitution, Osnabrück 2000

Teutsch, Gotthart M., (Umweltethik), Lexikon der Umweltethik, Göttingen/Düsseldorf 1985

Thomsen, Sigrid/Schmitt, Bettina, (Sex-Himmel), Weg vom Sex-Himmel-Image, in: terre des hommes (Hrsg.), Alles käuflich?, Kinderprostitution, Osnabrück 2000, S. 14

Trask, Haunani-Kay, (Kolonialherr), Jeder Tourist ist ein kleiner Kolonialherr und Zerstörer, in: Natur, Heft 5/1986, S. 34

UNICEF / Deutsches Komitee für UNICEF e.V. (Hrsg.), (Zerstörte Kindheit), Zerstörte Kindheit - Kinderhandel, Kinderprostitution, Kinderpornografie, Köln 2009

UNICEF, (Information), Kinderprostitution und Mädchenhandel, in: Menschenrechtsverletzungen an Mädchen und Frauen, Apartheid der Geschlechter, o. O. o. J., S. 9

UNICEF, Sexuelle Ausbeutung von Kindern weltweit verfolgen, Köln 1998

Urban, Dieter, (Umweltbewusstsein), Die kognitive Struktur von Umweltbewußtsein. Ein kausalanalytischer Modelltest, Duisburg 1990

Ussler, Wolf-Rüdiger, (Umdenken), Umdenken und umlenken, in: Wirtschaftswoche, 43. Jg., Nr. 28 vom 07.07.89, S. 40–47

Vielhaber, Armin, (Tourismus), Reisende und Bereiste: Soziale Verantwortung beim Tourismus in Entwicklungsländern, in: Rauschelbach, Burghard (Hrsg.), (Öko-) Tourismus: Instrument für eine nachhaltige Entwicklung?, Heidelberg, 1998, S. 59–60

von Poser, Fabian, Urlaub macht krank, in: Frankfurter Allgemeine Zeitung vom 13.4.2003

Wandel, Stefani, (Schneekanonen), Schneekanonen – ein heißes Eisen, in: SZ Nr. 291 vom 17.12.93, S. 34

Wilkens, Bianca, (Mallorca im Winter), Mallorca setzt im Winter auf Ruhesuchende, in: fvw. Nr. 25/2018 vom 7.12.2018, S. 49–50

Wöhler, Karlheinz/Saretzki, Anja, (Umweltverträglicher Tourismus), Grundlagen-Konzeption-Marketing, Limburghof, FBV Medien-Verlags GmbH, 1999

Wölm, Dieter, (Tourismus), Marketing im Tourismus, in: Marketing ZFP, Heft 4, 12/1979, S. 229–236

Wurster, R. / Weindorf, W. / Zittel, W. et al, (LNG), LNG als Alternativkraftstoff für den Antrieb von Schiffen und schweren Nutzfahrzeugen - Aktualisierung auf Verkehrsprognose 2030, München/Ottobrunn/Heidelberg/Berlin 2014

[2] Literatur ohne Verfasserangabe

o. V., (Kollaps), Läßt sich der Kollaps noch abwenden? Das Kirchenforum auf der ITB sucht nach Wegen aus der kritischen Reise-Situation, in: SZ Nr. 70 vom 24.03.92, S. 39

o.V., (Boracay), Philippinen führen strenge Maßnahmen gegen Sauftouristen auf Boracay ein, in: Travelbook, 9.11.2018

o.V., (Kreuzfahrt Mallorca), 2018 mehr Kreuzfahrttouristen auf Mallorca als je zuvor, in: Mallorca Magazin, 3.3.2018

o.V., (Milde Strafe), Milde Strafe für Kinderschänder, in: Süddeutsche Zeitung vom 25.11.2008

[3] Literaturtipps

Weitere aktuelle Publikationen von Prof. Dr. Kirstges siehe → *www.Kirstges.de*, so z.B.:

Kirstges, Torsten, **Sanfter Tourismus** – Von der Tourismuskritik über den Overtourismus zur Nachhaltigkeit, Chancen und Probleme der Realisierung eines ökologieorientierten und sozialverträglichen Tourismus durch deutsche Reiseveranstalter. 4. Auflage, Wilhelmshaven 2019

Kirstges, Torsten, **Expansionsstrategien** im Tourismus: **Marktanalyse** und **Strategiebausteine**, unter besonderer Berücksichtigung mittelständischer Reiseveranstalter, 4. Auflage, Wilhelmshaven 2010 (ISBN: 978-3-935923-14-9)

Kirstges, Torsten / Schmoll, Enno, Der (un-)inszenierte **Messeauftritt**: Zur Diskussion um die optimale **ITB-Messestandgestaltung**: Ein Plädoyer für mehr **Emotionalität am B2B-Messestand**, Wilhelmshaven 2010 (ISBN: 978-3-935923-16-3)

Kirstges, Torsten / Schröder, Christian, **Destination Reiseleitung** – Ein Leitfaden für Reiseleiter – aus der Praxis für die Praxis, 3. Auflage, Wilhelmshaven 2012 (ISBN: 978-3-935923-18-7)

Kirstges, Torsten / Zimfer, Julia, **Harter Tourismus?** Eine kritische Analyse des Tourismus in **Ägypten**!, Wilhelmshaven 2012 (ISBN: 978-3-935923-21-7; ca. 160 Seiten, mit vielen farbigen Abbildungen und Fotos)

Kirstges, Torsten, Aktuelle Fragen eines **nachhaltigen Reiseveranstaltermanagements**, in: Behrends/Hilligweg/Kirspel/Kirstges/Kull (Hrsg.), Jahresband 2015 des Fachbereichs Wirtschaft, Berlin 2015, S. 99–129

Kirstges, Torsten, **Strukturanalyse des deutschen Reiseveranstaltermarktes 2018,** Wilhelmshaven 2018 (ISBN: 978-3-935923-31-6)

Kirstges, Torsten, **Krisen** von 1995 bis 2017 und ihre Auswirkungen auf den Tourismus, Wilhelmshaven 2017 (ISBN: 978-3-935923-30-9)

Stichwörter

A

B

C

D

E

N

O

P

Q

R

S

T

Y

Z